Herbert Hintner

MEINE NEUE SÜDTIROLER KÜCHE

Mit Fotos von Frieder Blickle
und Weintipps von Margot Hintner

FOLIO VERLAG

LEGENDE

Frühling

Sommer

Herbst

Winter

Vegetarisch

INFO

Sämtliche Informationen und Mengenangaben in diesem Buch wurden von Herbert Hintner gewissenhaft erarbeitet und mit größtmöglicher Sorgfalt überprüft. Sämtliche Rezepte sind für 4 Personen berechnet. Trotzdem können inhaltliche Fehler oder Auslassungen nicht ausgeschlossen werden.
Kochen ist aber nun einmal keine exakte Wissenschaft, vertrauen Sie also auf Ihren persönlichen Geschmack, Ihre Fantasie und Ihre Vorlieben bei der Auswahl der Zutaten und der Mengen. Hinweise auf etwaige fehlerhafte Angaben sind im Verlag willkommen und werden bei späteren Auflagen gerne berücksichtigt.

DANK

Mein herzlicher Dank gilt Gerardo Spinelli, Stefano Tartari, Federico Agazzini, Thomas Bonfanti, Roland Oberhofer und Adam Schenk. Sie haben mich mit Kreativität und Engagement bei der Erarbeitung der vorliegenden Rezepte begleitet.
Herbert Hintner

1. AUFLAGE 2013

Lektorat: Kathrin Kötz
Grafik und Umbruch:
no.parking, Vicenza
Druckvorbereitung: Typoplus, Frangart
Printed in Italy
ISBN 978-3-85256-631-3
www.folioverlag.com

Inhalt

HERBERT
HINTNER

Vorwort

Wer wie ich in den Bergen aufgewachsen ist, hat ein besonderes Verhältnis zur Tradition. Einerseits werden hier viele Dinge – auch kulinarischer Art – bewahrt und gepflegt, andererseits bekommt man eine große Sehnsucht nach der Welt, die man sich auch durch das Essen ins Haus holt. Ich habe als Koch schon immer eine große Neugierde und Leidenschaft auf bzw. für Lebensmittel verspürt. Mir war und ist es sehr wichtig, aus den lokalen Produkten, von denen ich weiß, wie und wo sie erzeugt werden, den besten Geschmack herauszuholen. Manchmal auch mithilfe „fremder" Aromen, die das Alte, Traditionelle wunderbar ergänzen und bereichern. Aus diesem Grund finden sich in diesem Kochbuch auch Rezepte mit Seefischen bzw. anderen Meeresbewohnern, aber auch mit Gemüsesorten, bei denen man nicht unbedingt an Südtirol denkt – obwohl in der Region mittlerweile eine wunderbare Bergartischocke angebaut wird. Ein weiterer Grund für die Offenheit meiner Küche liegt natürlich in der geografischen Lage meiner Heimat: Südtirol war schon immer ein Schnittpunkt zwischen alpenländischer und mediterraner Küche und hat sich viele Rezepte und Produkte italienischer Regionen angeeignet, um die oft karge bäuerliche Küche zu bereichern. Aus der bäuerlichen Küche meiner Kindheit kommen viele meiner Anregungen: Kloazn, Wurzelgemüse, Graukäse, Lupinen, Schüttelbrot, Rübenkraut, Selchfleisch und Schmarren, um nur einige Beispiele zu nennen. Ich habe diese Zutaten neu kombiniert, ohne sie zu verfälschen, und ihnen so etwas von ihrer Deftigkeit und Schwere genommen, ihren typischen Geschmack habe ich aber erhalten. Wichtig war mir, dass am Ende ein Gericht steht, das mit meinem Kochstil und meiner Persönlichkeit in Einklang ist.

Meine Frau Margot hat zu allen Gerichten einen Südtiroler Wein ausgewählt, der die Aromen kongenial ergänzt.

Ich hoffe, Sie haben viel Freude und – vor allem – Genuss beim Durchblättern des Buches und beim Nachkochen der Gerichte, die alle – so wie ich – schnörkellos und ohne Spielereien auskommen. Probieren Sie die Rezepte aus: Wer für sich und seine Freunde kocht, gewinnt ein Stück Lebensqualität!

Herbert Hintner

Zur Rose

Das Restaurant Zur Rose in Eppan ist mein Zuhause. Hier kann ich meine Ideen von Tradition und Moderne, Heimatverbundenheit und Weltoffenheit kompromisslos umsetzen. Zusammen mit meiner Frau Margot führe ich das ehemalige Gasthaus meiner Schwiegereltern seit 1985. 1995 wurde es erstmals mit einem Michelin-Stern ausgezeichnet. Die jungen Köche in meiner Küche will ich mit meinem Fanatismus für den guten Geschmack anstecken.

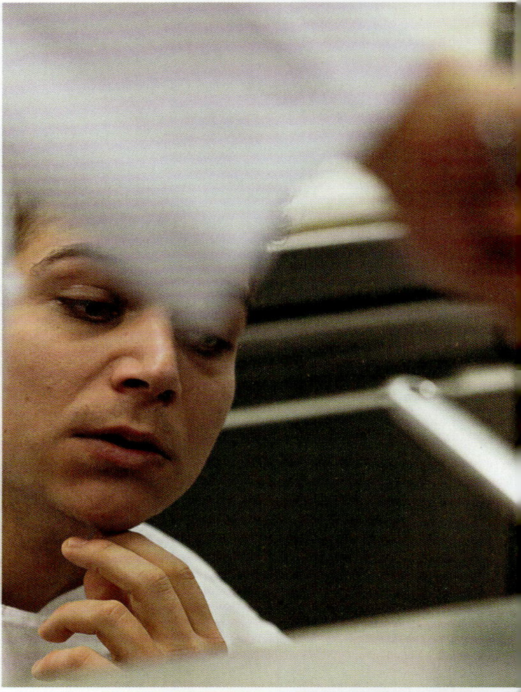

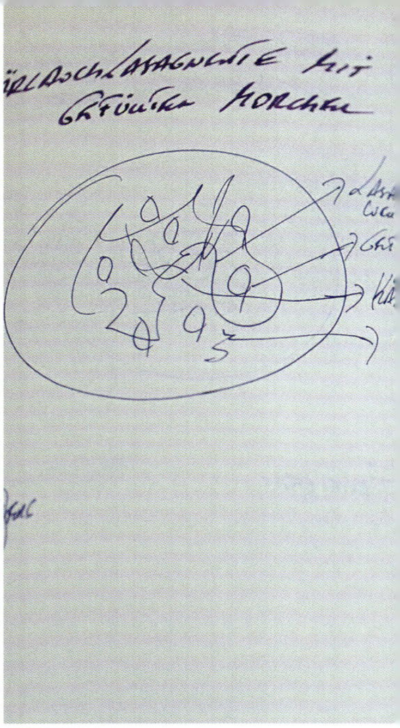

Leonardo

Amuse-Gueule/Starter

Spinat
als Millefoglie und Schlutzkrapfen

FÜR DIE SPINATMILLEFOGLIE
1 mittelgroße Kartoffel
Öl zum Frittieren
100 g Spinat
50 g Bergkäse, in kleine Würfel geschnitten
30 g geschmorte Zwiebeln (siehe S. 172)
Salz, Pfeffer
Olivenöl

FÜR DIE SCHLUTZKRAPFEN
100 g Spinat
100 g Bröseltopfen (s. Tipp)
50 g geschmorte Zwiebeln (siehe S. 172)
Salz, Pfeffer
200 g Schlutzkrapfennudelteig (siehe S. 174)

ZUM ANRICHTEN
zerlassene Butter
Schnittlauch, fein geschnitten
Bergkäse, gerieben
1 Prise getrocknete Tomatenschale (siehe Tipp S. 98)

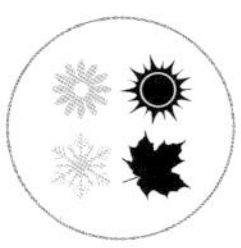

ZUBEREITUNG
Für die Spinatmillefoglie Kartoffeln mit Schale in etwa 2 mm dicke, längliche Scheiben schneiden und 5 Minuten in lauwarmes Wasser legen. Abtrocknen und im heißen Öl goldbraun frittieren, auf Küchenpapier abtropfen lassen.
Spinat in feine Streifen schneiden, mit Bergkäsewürfeln vermischen und mit geschmorten Zwiebeln, Salz, Pfeffer und Olivenöl abschmecken.
Für die Schlutzkrapfen Spinat fein schneiden und in Olivenöl ganz kurz anschwitzen, zum Bröseltopfen geben und mit geschmorten Zwiebeln, Salz und Pfeffer würzen. Alles gut vermengen und auskühlen lassen. Den Nudelteig mit der Nudelmaschine dünn ausrollen und Kreise (Ø 8 cm) ausstechen. Etwas Füllung daraufsetzen, die Ränder mit Wasser bestreichen, gut andrücken und Schlutzkrapfen formen. In Salzwasser ungefähr 4 Minuten garen.

ANRICHTEN
Etwas Spinat auf einen Teller geben und mit frittierten Kartoffeln belegen. Den Vorgang noch zweimal wiederholen, bis ein kleines Türmchen entstanden ist, das mit Spinat abschließt.
Die Schlutzkrapfen auf einem zweiten Teller anrichten. Mit zerlassener Butter beträufeln und mit Schnittlauch, geriebenem Bergkäse und getrockneter Tomatenschale garnieren.

TIPPS
Den Bröseltopfen können Sie folgendermaßen herstellen: 1 l Vollmilch (ergibt ungefähr 100 g Bröseltopfen) zum Kochen bringen und 2 EL Obstessig dazugeben, damit die Milch gerinnt. Etwa 15 Minuten ruhen lassen, durch ein feines Sieb gießen und kalt stellen.
Würzen Sie den Spinat für die Millefoglie erst kurz vor dem Anrichten, da er sonst zusammenfällt.

WEINTIPP
Pinot Grigio „Anger", Kellerei St. Michael/Eppan

Fenchel
als Salat mit Orangen und Törtchen

FÜR DEN FENCHELSALAT
1 Fenchelknolle oder 12 Minifenchel
2 Orangen
Salz, Pfeffer
Olivenöl

FÜR DIE FENCHELTÖRTCHEN
120 g Fenchel, in Würfel geschnitten
Olivenöl
Butter
150 g Nudelteig (siehe S. 174)
250 g Milch
2 Eier
50 g Parmesan, gerieben
Salz, Pfeffer

ZUM ANRICHTEN
Fenchelgrün
100 g Buttersauce (siehe S. 170)
10 g Fenchelsamen, zerkleinert
Salz

ZUBEREITUNG
Für den Fenchelsalat Fenchel putzen und in feine Spalten schneiden. Orangen mit dem Messer schälen, sodass die weiße Haut vollständig entfernt ist, die Filets zwischen den Trennhäuten vorsichtig herausschneiden. Den Saft dabei auffangen und den Rest noch einmal ausdrücken. Orangensaft mit Salz, Pfeffer und Olivenöl abschmecken, sodass eine Vinaigrette entsteht.
Für die Fencheltörtchen Fenchelwürfel in Olivenöl farblos anschwitzen und salzen. Den Nudelteig dünn ausrollen. Vier kleine Tarteförmchen mit Butter ausstreichen und mit Nudelteig auslegen. Fenchelwürfel hineingeben. Milch, Eier, Parmesan, Salz und Pfeffer gut verrühren und über den Fenchel gießen. Im auf 160 °C vorgeheizten Backofen ungefähr 10 Minuten backen.

ANRICHTEN
Fenchelspalten auf einen Teller geben. Orangenfilets darauflegen und diesen Vorgang wiederholen. Mit Orangenvinaigrette beträufeln und mit Fenchelgrün garnieren.
Buttersauce erwärmen, zerkleinerte Fenchelsamen und klein geschnittenes Fenchelgrün dazugeben, mit Salz abschmecken. Sauce auf einen zweiten Teller geben, Fencheltörtchen daraufsetzen.

WEINTIPP
Weißburgunder „Vorberg“, Kellerei Terlan

Melanzane
als Röllchen und Cordon bleu

FÜR DAS MELANZANERÖLLCHEN

4 dünne Melanzanescheiben
Olivenöl
120 g Topfen
30 g geschmorte Zwiebeln (siehe S. 172)
Salz, Pfeffer

FÜR DAS CORDON BLEU

4 dünne Melanzanescheiben
4 Tomatenscheiben
4 Scheiben Mozzarella
4 Basilikumblätter
Salz, Pfeffer
Mehl, Ei und Pankomehl zum Panieren
Öl zum Frittieren

ZUM ANRICHTEN

Salat nach Belieben
4 EL Salatvinaigrette (siehe S. 173)
Tomatencreme (siehe S. 173)
Petersilie
getrocknete Tomatenschale (siehe Tipp S. 98)

ZUBEREITUNG

Für die Melanzaneröllchen Melanzanescheiben auf Küchenpapier legen und salzen, 1 Stunde ruhen lassen, damit sie Wasser ziehen. Gut abtrocknen und in Olivenöl auf beiden Seiten anbraten. Auskühlen lassen. Topfen gut ausdrücken und mit geschmorten Zwiebeln, Salz und Pfeffer würzen. Topfenmasse auf die kalten Melanzanescheiben streichen und aufrollen.
Für das Cordon bleu Melanzanescheiben auf Küchenpapier legen und salzen, 1 Stunde ruhen lassen, gut abtrocknen. Mit Tomaten, Mozzarella und Basilikum belegen und zusammenfalten. Salzen und pfeffern. Mehlieren, durch verquirltes Ei ziehen und mit Pankomehl panieren. In 160 °C heißem Öl ungefähr 3 Minuten frittieren.

ANRICHTEN

Salat auf einem Teller anrichten, Melanzaneröllchen daraufsetzen und mit Salatvinaigrette beträufeln.
Cordon Bleu auf einen zweiten Teller setzen, mit Tomatencreme, Petersilie und getrockneter Tomatenschale garnieren.

WEINTIPP

Pinot Grigio „Punggl“, Kellerei Nals-Margreid

Rucola und Tomate
als Roulade und Millefoglie

FÜR DIE RUCOLAROULADE

220 g Milch
50 g Butter
50 g Mehl
2 Bund Rucola
3 Eigelb
Salz
3 Eiweiß
500 g Tomaten
50 g geschmorte Zwiebeln (siehe S. 172)

FÜR DIE TOMATEN-MILLEFOGLIE

40 g Parmesan, gerieben
200 g Tomaten
½ Bund Rucola
50 g geschmorte Zwiebeln (siehe S. 172)
Salz, Pfeffer
Olivenöl

ZUM ANRICHTEN

Olivenöl
Tomatencreme (siehe S. 173)
Basilikum
getrocknete Tomatenschale (siehe Tipp S. 98)

ZUBEREITUNG

Für die Rucolaroulade Milch aufkochen, Butter schmelzen lassen. Das Mehl in die geschmolzene Butter rühren, Milch dazugeben und gut verrühren. Auskühlen lassen. 1 Bund Rucola fein schneiden und zusammen mit Eigelb unter den Teig rühren. Mit Salz würzen. Eiweiß steif schlagen und vorsichtig unter die Masse heben. Gleichmäßig auf Backpapier streichen und im vorgeheizten Backofen bei 160 °C ungefähr 15 Minuten backen. Backpapier abziehen.
Tomaten schälen und in Würfel schneiden. Mit geschmorten Zwiebeln und der restlichen grob geschnittenen Rucola mischen. Gleichmäßig auf der Rucolaroulade verteilen, einrollen und in Stücke schneiden.
Für die Tomaten-Millefoglie den Parmesan gleichmäßig dünn in eine auf 160 °C vorgeheizte Teflonpfanne (Ø 25 cm) streuen. Den Käse so lange schmelzen lassen, bis er kleine Blasen wirft. Parmesanhippe aus der Pfanne nehmen und auf einem Brett in 8 gleich große Teile schneiden. Auskühlen lassen. Tomaten schälen und in kleine Würfel schneiden. Mit geschmorten Zwiebeln, Salz, Pfeffer und Olivenöl abschmecken.

ANRICHTEN

Eine Parmesanhippe auf einen Teller legen. Tomatenwürfel und Rucola daraufgeben. Mit einer zweiten Hippe abdecken und darauf wieder Tomaten und Rucola anrichten. Mit Olivenöl beträufeln.
Auf einem zweiten Teller die Rucolaroulade anrichten. Mit Tomatencreme, Basilikum und getrockneter Tomatenschale garnieren.

WEINTIPP

„Nova Domus“, Kellerei Terlan

Zucchini
als Spaghetti und im Filoteig

FÜR DIE ZUCCHINI-SPAGHETTI
2 mittelgroße Zucchini
120 g geschmorte Peperoni (siehe S. 170)
Salz, Pfeffer
Olivenöl

FÜR DIE ZUCCHINI IM FILOTEIG
200 g Zucchini
Olivenöl
100 g Bergkäse
4 Basilikumblätter, fein geschnitten
Salz, Pfeffer
4 Filoteig-Blätter (20 x 20 cm)

ZUM ANRICHTEN
20 g Parmesanspäne
4 Datteltomaten, geschält
Basilikum
getrocknete Tomatenschale (siehe Tipp S. 98)
Buttersauce (siehe S. 170)
gedünstete Zucchiniwürfel

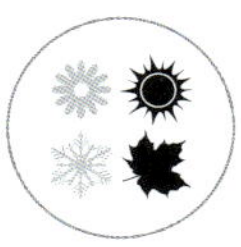

ZUBEREITUNG

Für die Zucchini-Spaghetti Zucchini mit einer japanischen Gemüsespaghettimaschine in lange dünne Streifen schneiden. Mit geschmorten Peperoni, Salz, Pfeffer und Olivenöl vermischen.

Für die Zucchini im Filoteig die Zucchini in kleine Würfel schneiden, in Olivenöl leicht ansautieren und auskühlen stellen. Bergkäse in Würfel schneiden und zu den Zucchiniwürfeln geben. Mit Basilikum, Salz und Pfeffer würzen. Vier Filoteig-Blätter mit der Füllung belegen. Teigränder mit Wasser bestreichen und zu einem Säckchen formen. Im vorgeheizten Backofen bei 160 °C ungefähr 10 Minuten backen.

ANRICHTEN

Zucchinispaghetti auf einem Teller anrichten, mit Parmesanspänen, Datteltomate, Basilikum und getrockneter Tomatenschale garnieren. Buttersauce mit den gedünsteten Zucchini erwärmen und auf dem zweiten Teller anrichten. Die Zucchini-Käse-Säckchen daraufsetzen.

WEINTIPP

Riesling „Windbichl“, Weingut Unterortl, Martin Aurich, Castel Juval

Sellerie
als Schnitzel in Kräuterpanade und Eis

ZUTATEN
1 Sellerieknolle
Salz, Pfeffer
Mehl, Ei, Semmelbrösel zum Panieren
Kräuter nach Belieben (z. B. Thymian, Petersilie, Schnittlauch, Basilikum), fein gehackt
Öl zum Frittieren
1 Selleriestange
Olivenöl
½ Zitrone, Saft

FÜR DAS SELLERIEEIS
300 g Sahne
150 g Wasser
60 g Glukose (aus der Apotheke)
1 Prise Salz
150 g Sellerieknolle
100 g Selleriestange

ZUM ANRICHTEN
200 g Selleriepüree (siehe S. 173)
Sellerieblätter
Selleriestange, in feine Streifen geschnitten

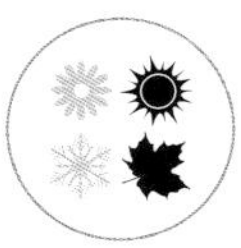

ZUBEREITUNG
Sellerieknolle schälen und in vier gleich große Scheiben schneiden, den Rest in kleine Würfel schneiden. Selleriescheiben und -würfel in Salzwasser bissfest kochen, herausnehmen und auskühlen lassen. Die Scheiben salzen und pfeffern. Semmelbrösel und gehackte Kräuter vermischen. Selleriescheiben in Mehl und Ei wenden und mit der Semmelbrösel-Kräuter-Mischung panieren. Im 160 °C heißen Öl 3 Minuten ausbacken.
Selleriestange schälen und in Würfel schneiden, einige Blätter in sehr feine Streifen schneiden. Zu den gekochten Selleriewürfeln geben und mit Salz, Pfeffer, Olivenöl und Zitronensaft marinieren.
Für das Eis Sahne, Wasser, Glukose und Salz vermischen. Sellerieknolle schälen, von der Selleriestange die Fäden abziehen. Beides in kleine Würfel schneiden und in Salzwasser weich kochen. Zusammen mit der Sahnemischung im Mixer fein pürieren und durch ein Sieb streichen. In der Eismaschine gefrieren lassen.

ANRICHTEN
Selleriepüree leicht erwärmen. Sellerieschnitzel auf Teller verteilen, einige Selleriestangenstreifen darauflegen und eine Nocke Eis daraufsetzen. Selleriewürfel und Selleriepüree daneben anrichten. Mit Sellerieblättern garnieren.

WEINTIPP
„De Silva" Pinot Blanc, Weingut Peter Sölva & Söhne, Kaltern

Kalte Vorspeisen

Spargelsalat
und Schinkenrolle mit Bozner Sauce

ZUTATEN

12 Stangen weißer Spargel
200 g gekochter Schinken, in dünne Scheiben geschnitten
Salz, Pfeffer

FÜR DIE BOZNER SAUCE

4 Eier
50 g Sonnenblumenöl
etwas Apfelessig
Salz
20 g Schnittlauch

ZUM ANRICHTEN

Salat nach Belieben
8 EL Salatvinaigrette (siehe S. 173)

ZUBEREITUNG

Spargel schälen und in Salzwasser weich kochen.
Für die Bozner Sauce die Eier 7 Minuten kochen lassen, in kaltem Wasser abschrecken und schälen. Eigelb durch ein Haarsieb streichen und Eiweiß mittelfein hacken. Eigelb mit Öl aufschlagen. Apfelessig, Salz, Eiweiß und Schnittlauch dazugeben und vorsichtig verrühren.
Schinkenscheiben dachziegelartig auslegen, bis ein Quadrat von 30 x 30 cm entsteht, mit Bozner Sauce bestreichen und aufrollen.

ANRICHTEN

Spargel auf dem Teller anrichten. Die Schinkenrolle in Scheiben schneiden und auf dem Spargel platzieren, mit Salat garnieren und mit Salatvinaigrette beträufeln.

TIPP

Spargel verliert etwas von seinen Bitterstoffen, wenn man ihn mit lauwarmem Wasser wäscht. Man kann aber auch etwas Zucker, Butter oder Brot mitkochen.

WEINTIPP

Sauvignon „Quarz“, Kellerei Terlan

Profesen
mit Topfenfüllung auf Salatvariation

FÜR DIE PROFESEN
4 Scheiben Toastbrot
100 g Topfen
50 g geschmorte Zwiebeln (siehe S. 172)
Salz, Pfeffer
Mehl, Ei und Semmelbrösel zum Panieren
Öl zum Frittieren

FÜR DIE SALATVARIATION
500 g Eisbergsalat
1 EL Obstessig
Olivenöl
Salz, Pfeffer
1–2 EL kalter Gemüsefond (siehe S. 170) bei Bedarf
50 g geschmorte Zwiebeln (siehe S. 172)

ZUM ANRICHTEN
Salat nach Belieben
½ Zucchino
½ Karotte

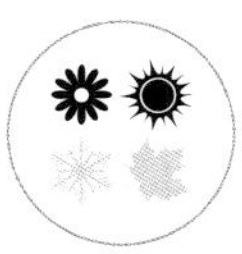

ZUBEREITUNG

Toastbrot entrinden und mit einem Nudelholz dünn ausrollen. Den Topfen mit geschmorten Zwiebeln, Salz und Pfeffer würzen und glatt rühren. Toastbrotscheiben damit bestreichen, aufrollen, mehlieren, durch Ei ziehen und mit Semmelbröseln panieren. Im 160 °C heißen Öl 2–3 Minuten frittieren. Warm stellen.
Für die Salatvariation 400 g Eisbergsalat kurz blanchieren. Sofort in Eiswasser abschrecken, damit der Salat schön grün bleibt. Gut ausdrücken und mit Obstessig, Olivenöl, Salz und Pfeffer im Mixer fein pürieren. Sollte die Salatcreme zu dick sein, einfach etwas kalten Gemüsefond dazugeben. Den restlichen Eisbergsalat in Streifen schneiden und mit den geschmorten Zwiebeln, Salz und Olivenöl würzen.

ANRICHTEN

Zucchino und Karotte schälen und mit dem Parisienne-Ausstecher kleine Kugeln ausstechen. Die Salatcreme auf Teller verteilen, Eisbergsalatstreifen dazugeben. Profesen halbieren und auf der Salatcreme anrichten. Mit Salaten, Zucchini- und Karottenperlen garnieren.

WEINTIPP

Weißburgunder „Prunar“, Erste + Neue Kellerei Kaltern

Schüttelbrotpalatschinken
mit Topfenfüllung und Spargelsalat

FÜR DIE SCHÜTTELBROTPALATSCHINKEN
25 g Mehl
45 g Schüttelbrot, fein gerieben
100 g Milch
130 g Wasser
Salz

FÜR DIE FÜLLUNG
320 g Topfen
Salz, Pfeffer
Knoblauchöl (siehe S. 173)
50 g geschmorte Zwiebeln (siehe S. 172)

FÜR DEN SPARGELSALAT
4 Stangen weißer Spargel
4 Stangen grüner Spargel
Salat nach Belieben
Salatvinaigrette (siehe S. 173)

ZUM ANRICHTEN
20 g Schüttelbrotbrösel

ZUBEREITUNG

Mehl und Schüttelbrot gut vermischen. Milch, Wasser und Salz dazugeben und alles zu einem geschmeidigen Teig verrühren. In einer Pfanne (Ø 18 cm) dünne Palatschinken backen und auskühlen lassen.
Topfen in einem Küchentuch gut ausdrücken, mit Salz, Pfeffer, etwas Knoblauchöl und geschmorten Zwiebeln abschmecken. Die Palatschinken auf eine Klarsichtfolie legen, mit der Topfencreme bestreichen und mithilfe der Folie aufrollen. Auf ein gebuttertes Backblech legen, gut mit Klarsichtfolie abdecken und im vorgeheizten Backofen bei 120 °C 15 Minuten backen.
Den weißen und grünen Spargel schälen, in etwas Salzwasser bissfest kochen und in gleich große Stücke schneiden.

ANRICHTEN

Palatschinken in drei gleich große Stücke schneiden und auf dem Teller anrichten. Mit Spargelstücken und Salat garnieren und mit Salatvinaigrette beträufeln. Mit Schüttelbrotbröseln bestreuen.

TIPP

Für dieses Gericht brauchen Sie unbedingt eine hitzebeständige Klarsichtfolie, handelsübliche Frischhaltefolie ist dafür nicht geeignet! Hitzebeständige Klarsichtfolie gibt es in Geschäften für Gastronomiebedarf.

WEINTIPP

Kalterersee „Leuchtenburg“, Erste + Neue Kellerei Kaltern

Kaiserling
trifft Kirsche mit Pfeffergelee

FÜR DEN SALAT
100 g Topfen
50 g Milch
30 g Parmesan
Salz
Salat nach Belieben
40 g Kaiserlinge
20 Herzkirschen

FÜR DAS PFEFFERGELEE
120 g Gemüsefond (siehe S. 170)
1 g Agar-Agar
20 g Pfeffermischung (z. B. Mélange Noir)

ZUM ANRICHTEN
Salatvinaigrette (siehe S. 173)

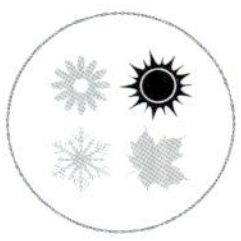

ZUBEREITUNG
Topfen, Milch und Parmesan auf dem Wasserbad zu einer glatten Creme verrühren, salzen. Salat waschen, trocken schleudern und in mundgerechte Stücke zupfen. Kaiserlinge putzen und blättrig schneiden. Kirschen entsteinen und halbieren oder in Spalten schneiden.
Für das Pfeffergelee Gemüsefond, Agar-Agar und die Pfeffermischung kurz mit dem Mixer vermengen, in einem Topf 1 Minute kochen lassen (unbedingt auf die Zeit achten!), in ein flaches Gefäß füllen (½ cm hoch) und im Kühlschrank ungefähr 2 Stunden fest werden lassen. Pfeffergelee in Würfel schneiden.

ANRICHTEN
Salat auf Tellern anrichten. Kirschen und Kaiserlinge darauf verteilen. Mit etwas Vinaigrette beträufeln und mit Topfencreme und Pfeffergeleewürfeln garnieren.

TIPP
Ich nehme immer die Pfeffermischung „Mélange Noir“ von Ingo Holland. Wenn Sie die nicht bekommen, dann können Sie verschiedene Pfeffersorten (z. B. schwarzen Pfeffer, Kubebenpfeffer und langen Pfeffer) mischen. Wichtig ist, dass Sie kein Pulver, sondern ganze Pfefferkörner verwenden, die im Mörser zerkleinert werden.

WEINTIPP
Chardonnay „Schwarzhaus“, Weingut Stroblhof, Eppan

Salat
von Wassermelone und Tomaten

ZUTATEN
600 g Wassermelone (ohne Schale und Kerne)
250 g Tomaten (Kirschtomaten, Fleischtomaten, Johannisbeertomaten, Andenhorntomaten, Ananastomaten)
100 g Honigmelone (ohne Schale und Kerne)
30 g geschmorte Zwiebeln (siehe S. 172)
Salz, Pfeffer
Olivenöl
Zitronensaft
etwas Zitronenschale

ZUM ANRICHTEN
griechisches Basilikum
Parmesanspäne

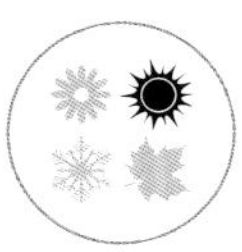

ZUBEREITUNG
Wassermelone in Scheiben schneiden. Tomaten halbieren oder vierteln (je nach Größe), mit Salz, Pfeffer, Ölivenöl, geschmorten Zwiebeln, etwas Zitronensaft und -schale abschmecken. Honigmelone in Würfel schneiden.

ANRICHTEN
Wassermelone, Tomaten und Honigmelone auf Tellern anrichten. Mit griechischem Basilikum und Parmesanspänen garnieren.

WEINTIPP
La Rose de Manincor, Weingut Manincor, Kaltern

Gebackenes Nudelblatt
mit Melanzanepüree auf Kräutersalat und geschmorten Tomaten

ZUTATEN

4 Nudelblätter (6 x 15 cm)
Öl zum Frittieren
4 mittelgroße Melanzane
4 Tomaten
Salz, Pfeffer
Olivenöl
Knoblauchöl (siehe S. 173)

ZUM ANRICHTEN

verschiedene Kräuter und Salate (z. B. Thymian, Basilikum, Minze, Rohnenblätter, Amaran, Mizuna, Feldsalat, Rucola, Petersilie)
Salatvinaigrette (siehe S. 173)

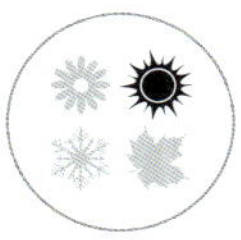

ZUBEREITUNG

Die Nudelblätter so über ein eingefettetes Metallrohr rollen, dass sie die Form einer Rinne bekommen. Mithilfe einer Pinzette oder Grillzange im 160 °C heißen Öl ungefähr 2 Minuten ausbacken. Warm stellen.
Melanzane halbieren, an der Innenseite einschneiden und salzen. In Alufolie wickeln und im Backofen bei 150 °C 40 Minuten schmoren. Mit einem Löffel die Kerne entfernen und das Fruchtfleisch herauskratzen. In ein Sieb geben und zugedeckt ruhen lassen, damit das Fruchtfleisch Flüssigkeit verliert. Mit Olivenöl und Knoblauchöl im Mixer pürieren, eventuell mit Salz abschmecken. Im Wasserbad warm halten.
Tomaten kreuzweise einritzen, kurz blanchieren, häuten und in 8 Scheiben (1 cm dick) schneiden. Mit Salz, Pfeffer und Knoblauchöl würzen. Die Tomatenscheiben in Olivenöl auf beiden Seiten ungefähr 5 Minuten anbraten.

ANRICHTEN

Die frittierten Nudelblätter mit Melanzanepüree füllen. Tomatenscheiben auf Teller verteilen, Nudelblatt daraufsetzen und mit Kräutersalat garnieren. Mit Salatvinaigrette beträufeln.

WEINTIPP

Pinot grigio „Grauer“, Erste + Neue Kellerei Kaltern

Saiblingstatar
mit dreierlei Peperonicreme

FÜR DAS SAIBLINGSTATAR
280 g Saiblingsfilet (ohne Haut)
Salz, Pfeffer
Olivenöl
etwas Zitronensaft

FÜR DIE PEPERONICREME
100 g rote Peperoni
100 g gelbe Peperoni
100 g grüne Peperoni
30 g geschmorte Zwiebeln
(siehe S. 172)
Olivenöl
etwas Knoblauchöl (siehe S. 173)
150 g Sahne
Salz, Pfeffer

ZUM ANRICHTEN
20 g geschmorte Peperoni
(siehe S. 170)
Petersilie, fein gehackt
12 Basilikumblätter

ZUBEREITUNG
Saiblingsfilets in kleine Würfel schneiden, mit Salz, Pfeffer, Olivenöl und Zitronensaft abschmecken.
Peperoni putzen und in Stücke scheiden. Die geschmorten Zwiebeln auf drei Töpfe verteilen, etwas Olivenöl, Knoblauchöl und Peperoni (getrennt nach Farben) dazugeben und ungefähr 5 Minuten anschwitzen. Jeweils mit 50 g Sahne aufgießen und 10 Minuten kochen lassen. Mit Salz und Pfeffer abschmecken und im Mixer aufmixen. Durch ein feines Sieb passieren und kalt stellen.

ANRICHTEN
Peperonicreme nach Farben getrennt auf dem Teller anrichten. Saiblingstatar mithilfe eines Metallringes auf die Peperonicreme setzen, mit geschmorten Peperoniwürfeln und Petersilie bestreuen. Mit Basilikumblättern garnieren.

WEINTIPP
Sauvignon, Weingut Ignaz Niedrist, Girlan

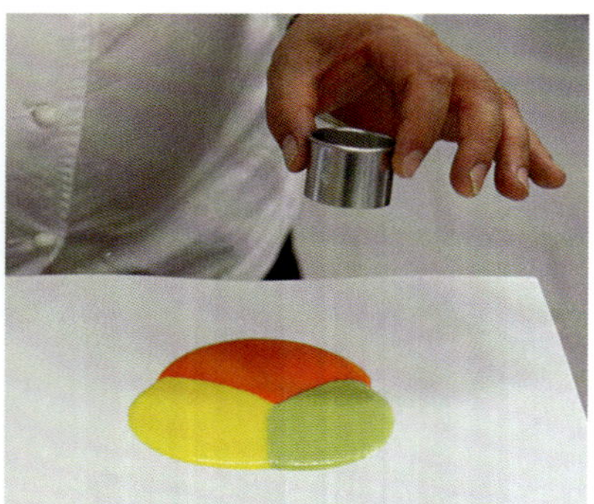

Tatar
vom Kalbfleisch auf mediterrane Art

ZUTATEN

300 g Kalbfleisch (Schlegel)
50 g geschmorte Zwiebeln (siehe S. 172)
Salz, Pfeffer
Olivenöl
Zitronensaft
Petersilie, fein geschnitten

ZUM ANRICHTEN

5 Dattel- oder Kirschtomaten
40 g geschmorte Peperoni (siehe S. 170)
Salat nach Belieben
20 Oliven (ohne Stein)
3 EL Salatvinaigrette (siehe S. 173)

ZUBEREITUNG

Kalbfleisch in Scheiben schneiden, zwischen Klarsichtfolie legen und mit dem glatten Fleischklopfer hauchdünn klopfen. Anschließend in kleine Würfel schneiden. Mit geschmorten Zwiebeln, Salz, Pfeffer, Olivenöl, etwas Zitronensaft und Petersilie abschmecken.

ANRICHTEN

Tomaten kreuzweise einritzen, blanchieren, häuten und filetieren. Tatar mithilfe eines Metallringes auf dem Teller anrichten und mit geschmorten Peperoniwürfeln belegen. Mit Salat, Oliven und Tomatenfilets garnieren. Mit Salatvinaigrette beträufeln.

WEINTIPP

Chardonnay „Löwengang“, Weingut Alois Lageder, Magreid

Tatar vom heimischen Kalbfleisch mit frischen Gartenkräutern

ZUTATEN

400 g Kalbfleisch (Schlegel)
Salz, Pfeffer
Olivenöl

FÜR DIE PARMESANHIPPE

40 g Parmesan, gerieben

ZUM ANRICHTEN

Basilikumblätter
Kapuzinerkresseblüten
Olivenkraut
Krenschote
Sauerklee
Peterskraut
8 Oliven (ohne Stein)
Salatvinaigrette (siehe S. 173)

ZUBEREITUNG

Kalbfleisch in dünne Scheiben schneiden und zwischen Klarsichtfolie hauchdünn klopfen. Anschließend in kleine Würfel schneiden, mit Salz, Pfeffer und Olivenöl abschmecken.
Eine auf 160 °C vorgeheizte Teflonpfanne (Ø 25 cm) gleichmäßig mit dem geriebenen Parmesan bestreuen. Den Käse schmelzen lassen, bis er kleine Blasen wirft. Parmesanhippe aus der Pfanne nehmen und auf einem Brett in 4 gleich große Teile schneiden. Auskühlen lassen.

ANRICHTEN

Tatar auf Tellern anrichten, mit Parmesanhippe, gezupften Kräutern, Blüten und Oliven garnieren und mit Salatvinaigrette beträufeln.

WEINTIPP

Weißburgunder „In der Låmm“, Weingut Martin Abraham, Eppan

Kartoffelgarten mit Pfifferlingen

ZUTATEN

200 g rote Kartoffeln
200 g weiße Kartoffeln
200 g blaue Kartoffeln
Salz, Pfeffer
50 g geschmorte Zwiebeln (siehe S. 172)
Olivenöl
200 g kleine Pfifferlinge

ZUM ANRICHTEN

Kräuter und essbare Blüten nach Belieben (z. B. Petersilie, Sauerklee, Glücksklee, Pimpinelle, Austernkraut, Knoblauchblüte)
Bergkäse (z. B. Vinschger Bergkäse), gerieben

ZUBEREITUNG

Die verschiedenen Kartoffelsorten mit Schale getrennt weich kochen, schälen und durch die Kartoffelpresse drücken. Jeweils mit Salz, Pfeffer, geschmorten Zwiebeln und Olivenöl abschmecken.
Pfifferlinge gut putzen, in einer Pfanne mit etwas Olivenöl ansautieren und mit Salz würzen.

ANRICHTEN

Die passierten Kartoffeln als Kreis in der Tellermitte anrichten. Mit Pfifferlingen, Kräutern, Blüten und Bergkäse garnieren.

WEINTIPP

Grüner Veltliner „Kuenhof", Weingut Peter Pliger, Brixen

Steinpilzcarpaccio
mit mariniertem Kalbfleisch

ZUTATEN

240 g Kalbfleisch (z. B. aus der kleinen Nuss)
4 mittelgroße frische Steinpilze
100 g Steinpilze, in Würfel geschnitten
Olivenöl
Salz, Pfeffer
60 g Parmesanspäne
Salat nach Belieben
Schnittlauch
Sauerklee
Zitronenvinaigrette (siehe S. 173)

ZUBEREITUNG

Kalbfleisch mit dem Messer in dünne Scheiben schneiden, zwischen zwei Klarsichtsfolien legen und mit dem glatten Fleischklopfer hauchdünn klopfen. Steinpilze putzen und mit einer Aufschnittmaschine in dünne Scheiben schneiden.
Steinpilzwürfel in Olivenöl anrösten und mit Salz und Pfeffer abschmecken.

ANRICHTEN

Steinpilzscheiben kreisförmig auf Tellern anrichten. Die dünnen Kalbfleischscheiben darauf platzieren. Mit Parmesan, Salat, Schnittlauch, Sauerklee und Steinpilzwürfeln garnieren und mit Zitronenvinaigrette beträufeln.

WEINTIPP

St. Magdalener „Pfannenstielhof", Johannes Pfeifer, Bozen

Schüttelbrotwaffeln
mit Krenmousse und Speck

FÜR DIE SCHÜTTELBROTWAFFELN

200 g Butter
4 Eigelb
300 g Schüttelbrot, fein gerieben
2 TL Backpulver
1/8 l Wasser
4 Eiweiß
5 g Zucker
Salz

FÜR DIE KRENMOUSSE

2 Blatt Gelatine
100 g Naturjoghurt
150 g Sauerrahm
50 g Kren (Glas)
Salz, Pfeffer
50 g Sahne

ZUM ANRICHTEN

Salat nach Belieben
16 Scheiben Speck
Schnittlauch
Sahnekren (siehe Tipp)
Krenschote
4 dünne Rettichscheiben

ZUBEREITUNG

Butter mit Eigelb schaumig schlagen, Schüttelbrot und Backpulver unterrühren, Wasser dazugeben und gut verrühren. Eiweiß mit Zucker steif schlagen, unter den Teig heben und mit Salz abschmecken. Waffeleisen einölen, erhitzen und Waffeln darin backen.

Für die Krenmousse Gelatine in kaltem Wasser einweichen. Naturjoghurt, Sauerrahm und Kren verrühren. Von der Joghurt-Kren-Masse 3 Esslöffel abnehmen und im Wasserbad erwärmen. Gelatine gut ausdrücken und darin auflösen. Zur Joghurt-Kren-Masse geben und mit Salz und Pfeffer würzen. Sahne steif schlagen und vorsichtig unterheben. Die Masse im Kühlschrank ungefähr 3 Stunden ruhen lassen.

ANRICHTEN

Krenmousse in einen Spritzbeutel mit Sterntülle füllen und auf eine Waffel aufspritzen. Waffel in der Tellermitte anrichten und mit Salat und Speckscheiben füllen. Mit einer zweiten Waffel abdecken. Rettichscheiben aufrollen und Salatblätter hineinstecken. Neben die Waffel stellen. Mit Schnittlauch, Sahnekren und Krenschote garnieren.

TIPP

Für den Sahnekren verrühren Sie einfach etwas geschlagene Sahne mit frisch geriebenem Kren und geriebenem Apfel.

WEINTIPP

Kalterersee „Keil“, Weingut Manincor, Kaltern

Wachtelbrüstchen
mit Kartoffel-Lauch-Tatar

ZUTATEN
2 Wachteln
Salz, Pfeffer
Olivenöl
20 g Butter
40 g Lauch
300 g Kartoffeln

ZUM ANRICHTEN
8 mittelgroße Pfifferlinge
Olivenöl
Salz
80 g Selleriepüree (siehe S. 173)
Salat nach Belieben
Salatvinaigrette (siehe S. 173)
1 EL Kalbsfond, einreduziert (siehe S. 172)

ZUBEREITUNG

Wachteln entbeinen, die Brust auslösen, salzen, pfeffern und in Olivenöl und Butter auf beiden Seiten gut anbraten. Warm stellen.
Lauch und Kartoffeln in kleine Würfel schneiden, Lauchwürfel kurz blanchieren, gut abtrocknen. Kartoffelwürfel in Olivenöl ungefähr 5 Minuten farblos anschwitzen. Lauch dazugeben und mit Salz und Pfeffer würzen.

ANRICHTEN

Pfifferlinge putzen und kurz in Olivenöl anbraten, salzen. Selleriepüree leicht erwärmen. Salat mit Salatvinaigrette marinieren. Das Kartoffel-Lauch-Tatar mithilfe eines Metallringes in der Tellermitte anrichten. Die Wachtelbrüstchen daraufsetzen. Mit Pfifferlingen, Selleriepüree, Salat und etwas Kalbsfond garnieren.

WEINTIPP

St. Magdalener „Antheos", Ansitz Waldgries,
Christian Platter, Bozen

Räucherforellentatar
mit weißem Rübenkraut

ZUTATEN

200 g Forellenfilet, geräuchert und entgrätet
50 g geschmorte Zwiebeln (siehe S. 172)
Salz
Olivenöl
Petersilie, gehackt
100 g weißes Rübenkraut

ZUM ANRICHTEN

Salat nach Belieben
4 dünne Rettichscheiben

ZUBEREITUNG

Forellenfilet in feine Würfel schneiden und mit geschmorten Zwiebeln, Salz, Olivenöl und Petersilie würzen.
Rübenkraut ebenfalls in Würfel schneiden und mit Olivenöl abschmecken.

ANRICHTEN

Rübenkraut mithilfe eines Metallringes auf Teller geben, Forellentatar daraufsetzen (mithilfe eines kleineren Metallringes), Rettichscheiben zusammenrollen und mit Salat garnieren.

TIPP

Für das weiße Rübenkraut raspelt man weiße Rüben sehr fein und mariniert sie mit Salz, Pfeffer, Obstessig und Olivenöl. Im Pustertal kann man das weiße Rübenkraut schon fertig angemacht beim Metzger kaufen.

WEINTIPP

Weißburgunder „Passion“, Kellerei St. Pauls

Gebackene Topfenpralinen
auf Wurzelgemüse

FÜR DIE GEBACKENEN TOPFENPRALINEN

300 g Topfen
50 g Sahne
50 g geschmorte Zwiebeln (siehe S. 172)
Knoblauchöl (siehe S. 173)
20 g Petersilie, fein gehackt
30 g Parmesan, gerieben
Mehl zum Panieren
2 Eier
500 g Filoteig, in Streifen geschnitten
Salz, Pfeffer
Öl zum Frittieren

FÜR DAS WURZELGEMÜSE

100 g Pastinaken
100 g Karotten
100 g Petersilienwurzeln
100 g Kohlrabi
Olivenöl
50 g geschmorte Zwiebeln (siehe S. 172)
Knoblauchöl (siehe S. 173)
Salz, Pfeffer

ZUM ANRICHTEN

Salat nach Belieben
Salatvinaigrette (siehe S. 173)

ZUBEREITUNG

Topfen durch ein Haarsieb streichen und mit Sahne, geschmorten Zwiebeln, Knoblauchöl, Petersilie und Parmesan gut verrühren. Aus der Masse kleine Kugeln formen, in Mehl und verquirltem Ei wälzen und mit dem in Streifen geschnittenen Filoteig umwickeln. Im 180 °C heißen Öl ungefähr 3 Minuten ausbacken.
Wurzelgemüse waschen, schälen und in feine Würfel schneiden. In Olivenöl bei mittlerer Hitze weich dünsten, ohne dass das Gemüse Farbe annimmt. Mit geschmorten Zwiebeln, Knoblauchöl, Salz und Pfeffer abschmecken.

ANRICHTEN

Wurzelgemüse als rechteckigen Streifen auf dem Teller anrichten, Topfenpralinen daraufsetzen und mit Salat garnieren. Salat mit Vinaigrette beträufeln.

WEINTIPP

St. Magdalener „Untermoserhof", Georg Ramoser, Bozen

Oktopussalat
mit Kartoffel-Oliven-Tatar

ZUTATEN
1 Oktopus (ca. 1 kg)
200 g Wurzelgemüse
(z. B. Karotte, Selleriestange, Lauch und Zwiebel)
Olivenöl
Butter
Salz, Pfeffer
300 g Kartoffeln
30 g Oliven (ohne Stein)

ZUM ANRICHTEN
Salat nach Belieben
16 Oliven
etwas getrocknete Tomatenschale
(siehe Tipp S. 98)
4 EL Salatvinaigrette (siehe S. 173)

ZUBEREITUNG
Oktopus zusammen mit dem Wurzelgemüse in Wasser weich kochen. 1 Stunde kühl stellen, die Arme vom Bauch lösen und in Olivenöl und Butter schwenken. Mit Salz und Pfeffer würzen, warm stellen.
Für das Kartoffel-Oliven-Tatar Kartoffeln schälen und in kleine Würfel schneiden. In Olivenöl ungefähr 4 Minuten farblos anschwitzen. Salzen und pfeffern. Kartoffelwürfel aus der Pfanne nehmen und auf Küchenpapier abtropfen lassen. Wieder zurück in die Pfanne geben und mit den zerkleinerten Oliven vermischen.

ANRICHTEN
Kartoffel-Oliven-Tatar mithilfe eines Metallrings auf den Teller setzen. Oktopus daneben anrichten und mit Salat, Oliven und getrockneter Tomatenschale garnieren. Mit Salatvinaigrette beträufeln.

TIPP
Damit der Oktopus beim Kochen nicht zäh wird – die Eiweißketten verklumpen bei zu großer Hitze –, sollte das Tier knapp unter dem Siedepunkt 2–3 Stunden pochiert werden.

WEINTIPP
Sauvignon „Cosmas“, Weingut Kornell, Florian Brigl, Siebeneich

Warme Vorspeisen

Fischsuppe nach meiner Art

FÜR DEN FISCHFOND

50 g Karotten
50 g Lauch
50 g Zwiebeln
2 Knoblauchzehen
500 g Fischkarkassen (ohne Kiemen und Innereien)
Salz, Pfeffer
2 Petersilienstängel
4 Lorbeerblätter

FÜR DIE FISCHSUPPE

500 g Venusmuscheln
500 g Miesmuscheln
Olivenöl
Knoblauchöl (siehe S. 173)
1 EL Petersilie, fein gehackt
150 g Knurrhahnfilet
150 g Wolfsbarschfilet
150 g Seezungenfilet
Salz, Pfeffer
2 Oktopusarme, gekocht
150 g Tintenfische
8 Garnelen
50 g Karotten, in Streifen geschnitten
50 g Lauch, in Streifen geschnitten
50 g Sellerieknolle, in Streifen geschnitten
40 g Tomatenmark
1 g Safranfäden, in etwas Wasser eingeweicht

ZUBEREITUNG

Karotten, Lauch, Zwiebeln und Knoblauch in grobe Würfel schneiden und in Olivenöl farblos anschwitzen. Fischkarkassen gut abspülen, bis das Wasser frei von Trübstoffen ist. Zum Gemüse geben und mit kaltem Wasser aufgießen, sodass alles gut bedeckt ist. Mit Salz, Pfeffer, Petersilie und Lorbeerblättern würzen. Bei schwacher Hitze ungefähr 3–4 Stunden leicht köcheln lassen. Durch ein feines Sieb oder Tuch gießen.
Venus- und Miesmuscheln unter fließendem Wasser gut abbürsten, offene Muscheln wegwerfen. Olivenöl in einem Topf erhitzen, Muscheln dazugeben, mit Knoblauchöl und Petersilie würzen und zugedeckt 2–3 Minuten erhitzen. Den Topf gut durchschütteln, Muscheln, die sich nicht geöffnet haben, wegwerfen. Die Fischfilets entgräten und in beliebig große Stücke schneiden. Mit Olivenöl, Knoblauchöl, Salz und Pfeffer würzen. Oktopusarme halbieren. Tintenfische putzen und Garnelen schälen, Darm entfernen. Gemüsestreifen in Olivenöl andünsten, Tomatenmark und Safranfäden dazugeben. Mit Fischfond aufgießen und Muscheln samt Kochflüssigkeit dazugeben. Alles etwa 5 Minuten kochen lassen. Fischstücke, Oktopusarme, Tintenfische und Garnelen in die Suppe geben und weitere 5 Minuten garen. Mit Salz und Pfeffer abschmecken.

ANRICHTEN

Die Suppe auf Teller verteilen oder in einem Topf servieren.

TIPP

Die Fischsuppe lässt sich auch für eine größere Gästemenge gut vorbereiten. Verteilen Sie einfach die gekochten Muscheln, rohen Fischstücke und Meeresfrüchte gleichmäßig auf feuerfeste Förmchen (so bekommen alle Gäste die gleiche Menge Fisch), übergießen das Ganze mit Fischfond und lassen es im Backofen bei 180 °C 10 Minuten garen. Anschließend den Inhalt der Förmchen in Teller gießen und servieren.

WEINTIPP

Weißburgunder „Strahler“, Weingut Stroblhof, Andreas und Rosi Nicolussi, Eppan

Erbsensuppe mit Topfenpraline

FÜR DIE ERBSENSUPPE
600 g Erbsen
50 g geschmorte Zwiebeln (siehe S. 172)
Olivenöl
250 g Gemüsefond (siehe S. 170)
Salz, Pfeffer

FÜR DIE TOPFENPRALINEN
120 g Topfen
30 g geschmorte Zwiebeln (siehe S. 172)
Salz, Pfeffer
60 g Filoteig
Öl zum Frittieren

ZUM ANRICHTEN
50 g Erbsen, gekocht

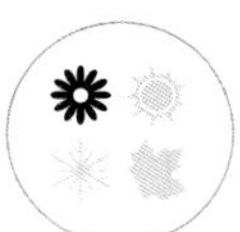

ZUBEREITUNG

Erbsen und geschmorte Zwiebeln in Olivenöl kurz andünsten, mit Gemüsefond aufgießen und 10 Minuten kochen lassen. Im Mixer fein pürieren und mit Salz und Pfeffer abschmecken.
Für die Topfenpralinen den Topfen gut ausdrücken und mit geschmorten Zwiebeln, Salz und Pfeffer würzen. Den Filoteig in dünne Streifen schneiden. Aus der Topfenmasse vier Kugeln formen und mit dem Filoteig umwickeln. Im 180 °C heißen Öl goldbraun ausbacken und anschließend bei 80 °C 10 Minuten ruhen lassen.

ANRICHTEN

Die Suppe auf Teller verteilen, die Topfenpralinen vorsichtig halbieren und in die Tellermitte setzen. Mit gekochten Erbsen garnieren.

TIPP

Der Topfen muss wirklich sehr trocken sein. Am besten geben Sie ihn in ein Küchentuch, lassen ihn über Nacht abtropfen und drücken ihn vor der Weiterverarbeitung noch einmal gut aus.

WEINTIPP

Pinot Grigio „Unterebner“, Kellerei Tramin

Tomatenconsommé
mit Burrata-Basilikum-Ravioli

FÜR DIE TOMATENCONSOMMÉ

1 kg Tomaten (Kirschtomaten, Datteltomaten, Strauchtomaten)
1 Bund Basilikum
20 g Zucker
10 g Knoblauchöl (siehe S. 173)
2 l Gemüsefond (siehe S. 170)
Salz, Pfeffer
130 g Rindfleisch, faschiert und eiskalt
2 Eiweiß
4 Kirschtomaten, geschält
12 Datteltomaten, geschält
20 Johannisbeertomaten

FÜR DIE RAVIOLI

200 g weißer Nudelteig (siehe S. 174)
200 g grüner Nudelteig (siehe S. 174)
360 g Burrata
10 Basilikumblätter, fein geschnitten
Salz, Pfeffer

ZUM ANRICHTEN

Basilikum (afrikanisches und ligurisches)
Olivenöl

ZUBEREITUNG

Die verschiedenen Tomatensorten waschen und in Spalten schneiden. Zusammen mit Basilikum, Zucker, Knoblauchöl, Salz und Pfeffer im Gemüsefond 1 Stunde leicht köcheln lassen. Faschiertes Rindfleisch mit Eiweiß gut vermengen und zum Fond geben. Nochmal 30 Minuten ziehen lassen.
Für die Ravioli den weißen und den grünen Nudelteig mit der Nudelmaschine dünn ausrollen und Kreise (Ø 8 cm) ausstechen. Burrata in kleine Stücke schneiden und gut mit Basilikum vermischen. Einen Löffel Burrata in die Mitte der Nudelteigkreise setzen, Ränder mit Wasser bestreichen, fest andrücken und Ravioli formen. In Salzwasser 4–5 Minuten kochen.
Tomatenconsommé vorsichtig durch ein feines Sieb oder Tuch gießen und mit Salz und Pfeffer abschmecken. Kirsch-, Dattel- und Johannisbeertomaten zur Consommé geben und 3 Minuten ziehen lassen.

ANRICHTEN

Tomatenconsommé in tiefe Teller gießen und Ravioli dazugeben. Mit Olivenöl und Basilikum garnieren.

TIPP

Burrata wird aus Kuhmilch hergestellt und ist eine Sonderform der Mozzarella. Bei der Burrata ist die äußere Hülle fest, während sich im Innern eine cremige Frischkäsefüllung befindet. Sie finden Burrata im Feinkostgeschäft.

WEINTIPP

Lagrein Kretzer, Klosterkellerei Muri-Gries, Bozen

Graukäsesuppe

ZUTATEN

200 g Kartoffeln
Olivenöl
Salz, Pfeffer
30 g Petersilie, fein geschnitten
50 g geschmorte Zwiebeln (siehe S. 172)
100 g Sahne
700 g Gemüsefond (siehe S. 170)
200 g Graukäse

ZUM ANRICHTEN

120 g Graukäse, zerbröselt
12 Schnittlauchhalme

ZUBEREITUNG

Kartoffeln schälen, in kleine Würfel schneiden und in einer Pfanne mit etwas Olivenöl farblos anschwitzen. Mit Salz und Pfeffer würzen und mit Petersilie vermischen. Warm stellen.
Die geschmorten Zwiebeln mit Olivenöl in einem Topf erhitzen, mit Sahne ablöschen. Gemüsefond und Graukäse dazugeben und mit Salz und Pfeffer abschmecken. 5 Minuten kochen lassen und im Mixer aufmixen.

ANRICHTEN

Suppe in Teller gießen. Kartoffeln mithilfe von zwei Löffeln zu Nocken formen. Diese mittig auf die Suppe setzen und mit Graukäse und Schnittlauchhalmen garnieren.

TIPP

Graukäse ist ein typisches Tiroler Produkt, das aus Magermilch gemacht wird. Er ist sehr fettarm (0–2 % Fett i. d. Tr.) und wird mit zunehmendem Alter immer würziger. Wenn Sie es nicht so pikant mögen, nehmen Sie einfach jungen Graukäse.

WEINTIPP

Vernatsch „Gschleier“, Kellerei Girlan

Graukäserisotto mit Chiligelee

ZUTATEN

280 g Risottoreis (z. B. Carnaroli)
Olivenöl
1 l Gemüsefond (siehe S. 170)
Salz, Pfeffer
80 g Graukäse
40 g Parmesan, gerieben
60 g kalte Butter

FÜR DAS CHILIGELEE

150 g Gemüsefond (siehe S. 170)
3 Chilischoten
1,1 g Agar-Agar

ZUM ANRICHTEN

Schnittlauch, fein geschnitten
40 g Graukäse, zerbröselt

ZUBEREITUNG

Reis in Olivenöl antoasten und mit so viel heißem Gemüsefond aufgießen, dass der Reis bedeckt ist. Mit Salz und Pfeffer würzen. Unter ständigem Rühren 13–15 Minuten kochen lassen, dabei immer wieder Gemüsefond angießen. Vom Herd nehmen und mit Graukäse, Parmesan und kalter Butter binden.
Für das Chiligelee den Gemüsefond mit 2 Chilischoten (ohne Samen) aufmixen und durch ein feines Sieb gießen. Agar-Agar dazugeben und ungefähr 1 Minute aufkochen. Die restliche Chilischote von den Samen befreien, in sehr feine Würfel schneiden und dazugeben. Flüssigkeit in eine flache Schale gießen (etwa ½ cm hoch) und fest werden lassen. Das Chiligelee in kleine Würfel schneiden,

ANRICHTEN

Risotto auf Tellern anrichten, mit Chiligelee, Schnittlauch und Graukäse garnieren.

WEINTIPP

Chardonnay „Formigar“, Kellerei Schreckbichl, Girlan

Basilikumrisotto mit Pestogelee

FÜR DIE BASILIKUMPASTE (REICHT FÜR CA. 10 PORTIONEN)
100 g Basilikum
400 g Butter

FÜR DAS PESTOGELEE
20 Basilikumblätter
220 g Gemüsefond (siehe S. 170)
20 Pignoli
40 g Parmesan, gerieben
20 g Olivenöl
Salz, Pfeffer
1,5 g Agar-Agar

FÜR DEN RISOTTO
280 g Risottoreis (z. B. Carnaroli)
Olivenöl
1 l Gemüsefond (siehe S. 170)
Salz, Pfeffer
40 g Parmesan, gerieben,
Pignoli

ZUM ANRICHTEN
Basilikumblätter

ZUBEREITUNG

Für die Basilikumpaste 50 g Basilikum blanchieren und in Eiswasser abschrecken. Zusammen mit dem restlichen Basilikum und der Butter fein mixen und bis zur Weiterverarbeitung kalt stellen.
Für das Pestogelee die Basilikumblätter kurz blanchieren und in Eiswasser abschrecken. Zusammen mit 110 g Gemüsefond, Pignoli, Parmesan, Olivenöl, Salz und Pfeffer im Mixer fein pürieren. Den restlichen Gemüsefond zum Kochen bringen, Agar-Agar einrühren und 1 Minute kochen lassen. Den heißen Fond zu den pürierten Basilikumblättern geben und noch einmal mixen. In ein sehr flaches Gefäß gießen (die Flüssigkeit sollte darin ½ cm hoch stehen) und im Kühlschrank fest werden lassen (dauert ungefähr 1 Stunde).
Reis mit etwas Olivenöl farblos anrösten. Mit Gemüsefond aufgießen, sodass der Reis bedeckt ist. Wenn die Flüssigkeit verdampft ist, erneut aufgießen. Unter ständigem Rühren 13–15 Minuten kochen lassen. Vom Herd nehmen und 4 Esslöffel Basilikumpaste unterrühren. Mit Salz, Pfeffer und Parmesan abschmecken.

ANRICHTEN

Risotto auf Teller verteilen. Mit in Würfel geschnittenem Pestogelee, Basilikumblättern und Pignoli garnieren.

TIPP

Die Basilikumpaste lässt sich gut auf Vorrat zubereiten und tiefgekühlt aufbewahren. Sie bleibt schön grün, wenn alle Zutaten eiskalt sind.
Am besten gelingt sie mit dem Pacojet.

WEINTIPP

„Porer“, Weingut Alois Lageder, Magreid

Risotto mit Kräuterpesto
und Basilikumgelee

FÜR DEN KRÄUTERPESTO
80 g Kräuter
(Basilikum, Minze, Kresse, Bärlauch, Sauerklee, Schnittknoblauch, Petersilie, Thymian, Rosmarin)
100 g Olivenöl
30 g Pignoli
25 g gereifter Pecorino, gerieben
4 Eiswürfel

FÜR DEN RISOTTO
280 g Reis (z. B. Carnaroli)
Olivenöl
1 l Gemüsefond (siehe S. 170)
Salz, Pfeffer
100 g gereifter Pecorino, gerieben
60 g kalte Butter

FÜR DAS BASILIKUMGELEE
30 g Basilikumblätter
10 Pignoli
10 g Parmesan, gerieben
150 g kalter Gemüsefond
(siehe S. 170)
Salz
1 g Agar-Agar

ZUM ANRICHTEN
Kräuter
(z. B. Basilikum, Sauerklee, Minze, Rucola, Bärlauch, Schnittknoblauch)
Pecorino, gerieben

ZUBEREITUNG

Kräuter mit Olivenöl, Pignoli, Pecorino und Eiswürfeln im Mixer fein pürieren. Reis mit etwas Olivenöl anschwitzen und mit so viel heißem Gemüsefond aufgießen, dass der Reis bedeckt ist. Salzen und pfeffern. Unter ständigem Rühren 13–15 Minuten kochen lassen, dabei immer wieder Gemüsefond angießen. Vom Herd nehmen und mit Kräuterpesto, geriebenem Pecorino und kalter Butter abschmecken.

Für das Basilikumgelee die Basilikumblätter blanchieren und mit Pignoli, Parmesan und der Hälfte des kalten Gemüsefonds im Mixer fein mixen. Mit Salz abschmecken. Die andere Hälfte des Gemüsefonds aufkochen, Agar-Agar und püriertes Basilikum dazugeben, 1 Minute kochen lassen. Flüssigkeit auf einen flachen Teller gießen (die Flüssigkeit soll nur ½ cm hoch stehen), im Kühlschrank 1 Stunde fest werden lassen und in kleine Würfel schneiden.

ANRICHTEN

Risotto auf dem Teller anrichten. Mit Kräutern, Basilikumgeleewürfeln und geriebenem Pecorino garnieren.

WEINTIPP

„Beyond the Clouds", Elena Walch, Tramin

Kümmelrisotto mit Rohnen

ZUTATEN
300 g Reis (z. B. Carnaroli)
2 EL Olivenöl
10 g wilder Kümmel
1 l Gemüsefond (siehe S. 170)
Salz, Pfeffer
20 g kalte Butter
50 g Deutschnofner Kümmelkäse, geraspelt

ZUM ANRICHTEN
120 g Rohnen, gekocht und fein püriert
Salz, Pfeffer
Rohnenblätter

ZUBEREITUNG
Reis in Olivenöl glasig anschwitzen, Kümmel dazugeben und mit so viel heißem Gemüsefond aufgießen, dass der Reis bedeckt ist. Unter ständigem Rühren 13–15 Minuten kochen lassen. Dabei immer wieder Gemüsefond angießen. Vom Herd nehmen, mit Salz und Pfeffer würzen und kalte Butter sowie Kümmelkäse einrühren.

ANRICHTEN
Rohnenpüree in etwas Olivenöl erwärmen, mit Salz und Pfeffer abschmecken. Risotto in die Mitte des Tellers geben und das Rohnenpüree als Nocke darauf anrichten. Mit Rohnenblättern garnieren.

TIPP
Wenn Sie keinen Kümmelkäse bekommen, können Sie auch einen anderen gereiften Käse aus Kuhmilch verwenden und noch etwas Kümmel dazugeben.

Weintipp
Chardonnay „St. Valentin", Kellerei St. Michael/Eppan

Spaghetti alla chitarra
von der Altreier Lupine mit Blumenkohl

FÜR DEN TEIG
100 g Mehl
60 g Hartweizengrieß
100 g Lupinen aus Altrei, fein gemahlen
2 Eier
Salz

FÜR DEN BLUMENKOHL
1 Blumenkohl
Olivenöl
100 g Sahne
Salz, Pfeffer

ZUM ANRICHTEN
Olivenöl

ZUBEREITUNG

Mehl, Hartweizengrieß und Lupinen auf einer Arbeitsplatte gut vermengen, in die Mitte eine Mulde hineindrücken. Eier und Salz in die Mulde geben. Mehlmischung von innen heraus kreisförmig einrühren, wenn der Teig zu fest ist, etwas Wasser dazugeben. Ungefähr 10 Minuten kneten. Teig in Klarsichtfolie wickeln und 1 Stunde ruhen lassen. Den Teig mit der Nudelmaschine ausrollen und mit einer Nudelgitarre in dünne Spaghetti schneiden.
Blumenkohl putzen und 24 Röschen vom Strunk lösen. In Salzwasser kochen und warm stellen. Den Strunk in kleine Stücke schneiden, in Olivenöl farblos anschwitzen, mit Sahne aufgießen und weich kochen. Mit Salz und Pfeffer abschmecken und im Mixer fein pürieren.
Die Nudeln in Salzwasser ungefähr 3 Minuten garen und in etwas Olivenöl schwenken.

ANRICHTEN

Nudeln in der Tellermitte anrichten, Blumenkohlcreme dazugeben und mit Blumenkohlröschen und Olivenöl garnieren.

TIPP

Wenn Sie keine Lupinen bekommen, dann können Sie für den Teig auch fein gemahlene Kaffeebohnen oder Johannisbrotmehl (Boxelemehl) verwenden.

WEINTIPP

Sauvignon „Puntay", Erste + Neue Kellerei Kaltern

Bärlauchlasagnette
mit gefüllten Morcheln

FÜR DIE GEFÜLLTEN MORCHELN
100 g Hühnerbrust
50 g Sahne
20 g Bärlauch
1 Eiweiß
Salz, Pfeffer
20 frische Morcheln
Olivenöl

FÜR DIE LASAGNETTE
100 g weißer Nudelteig (siehe S. 174)
100 g grüner Nudelteig (siehe S. 174)

ZUM ANRICHTEN
150 g Buttersauce (siehe S. 170)
20 g Bärlauch, fein geschnitten
Salz
Parmesanspäne

ZUBEREITUNG

Für die Morchelfüllung die Hühnerbrust in Stücke schneiden und mit Sahne, Bärlauch, Eiweiß, Salz und Pfeffer verrühren. Im Tiefkühlfach anfrieren lassen und dann im Mixer fein pürieren. Morcheln vom Stiel befreien und gut putzen. Die Füllung mithilfe eines Spritzbeutels in die Morcheln spritzen. Morcheln in einer Pfanne mit etwas Olivenöl ungefähr 5 Minuten dünsten, mit Salz würzen. Den weißen und den grünen Nudelteig mit der Nudelmaschine dünn ausrollen, in 20 x 20 cm große Vierecke schneiden und in Salzwasser ca. 4 Minuten kochen lassen.

ANRICHTEN

Buttersauce erwärmen und mit Bärlauch und Salz würzen. Nudelblätter auf Teller geben, die Morcheln halbieren und darauf verteilen. Mit Buttersauce und Parmesanspänen garnieren.

WEINTIPP

Cuvée „Obermairl“, Weingut Haderburg, Alois Ochsenreiter, Salurn

Zitronenspaghetti mit Venusmuscheln

FÜR DEN ZITRONENNUDELTEIG

500 g Mehl
250 g Hartweizenmehl
7 Eiweiß
7 Zitronen, Schale abgerieben
50 g Wasser

FÜR DIE VENUSMUSCHEL-ZITRONEN-SAUCE

40 Venusmuscheln
Salz, Pfeffer
250 g Weißwein
1 Zitrone, Saft
Knoblauchöl (siehe S. 173)
40 g Olivenöl
40 g kalte Butter

ZUM ANRICHTEN

Basilikum
Zitronenschale, gerieben
getrocknete Tomatenschale (siehe Tipp S. 98)

ZUBEREITUNG

Mehl und Hartweizenmehl auf eine Arbeitsplatte sieben, in die Mitte eine Mulde drücken. Eiweiß, Zitronenschale und Wasser in die Mulde geben und das Mehl von innen nach außen einrühren. Zu einem geschmeidigen Teig verkneten, in Klarsichtfolie wickeln und im Kühlschrank 1 Stunde ruhen lassen. Den Teig mit der Nudelmaschine ausrollen und mit einer Nudelgitarre in Spaghetti schneiden. In Salzwasser 1–2 Minuten kochen.
Venusmuscheln gut putzen, Muscheln, die schon offen sind, wegwerfen. In einem Topf etwas Olivenöl erhitzen, Muscheln dazugeben und ungefähr 5 Minuten ansautieren. Muscheln aus dem Sud nehmen. Nur Muscheln verwenden, die sich nach dem Kochen geöffnet haben. Muschelsud mit Salz und Pfeffer würzen und mit Weißwein, Zitronensaft und Knoblauchöl etwas einreduzieren lassen. Mit Olivenöl und kalter Butter abbinden. Die Venusmuscheln in die Sauce geben und die gekochten Spaghetti darin schwenken. Eventuell mit Salz abschmecken.

ANRICHTEN

Zitronenspaghetti auf Teller verteilen. Mit Basilikum, abgeriebener Zitronenschale und getrockneter Tomatenschale garnieren.

WEINTIPP

Chardonnay „Sophie“, Weingut Manincor, Kaltern

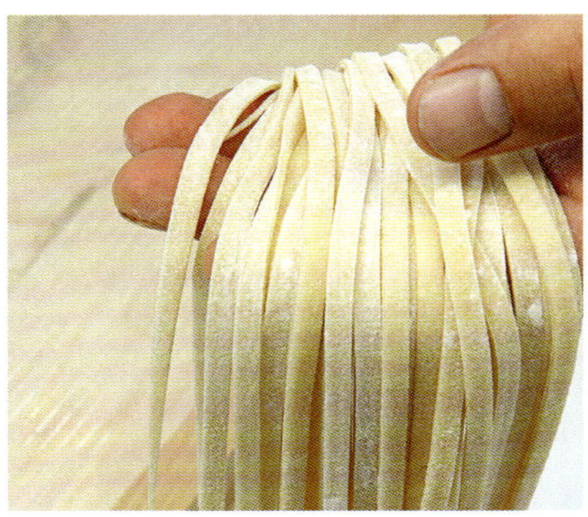

Zitronenlasagnette mit Calamari

ZUTATEN

200 g Zitronennudelteig (siehe S. 80)
100 g Calamari, fein püriert
200 g Calamari, in Streifen geschnitten
Salz, Pfeffer
Olivenöl
Knoblauchöl (siehe S. 173)
4 Calamari-Arme
Mehl
Öl zum Frittieren

FÜR DIE SAUCE

100 g Buttersauce (siehe S. 170)
1 EL Zitronensaft
1 TL Zitronenschale, gerieben
Salz

ZUM ANRICHTEN

200 g Zucchiniwürfel, gedünstet
2 Zucchiniblüten
getrocknete Tomatenschale (siehe Tipp S. 98)

ZUBEREITUNG

Nudelteig mit der Nudelmaschine dünn ausrollen, 20 x 20 cm große Vierecke ausschneiden. In Salzwasser etwa 4 Minuten kochen lassen.
Vier gleich große Häufchen Calamari-Püree zwischen Backpapier geben und mit dem glatten Fleischklopfer dünn ausklopfen, sodass Kreise entstehen. Vakuumieren und 1 Minute in Wasser kochen, aus der Vakuumierfolie nehmen.
Calamari-Streifen salzen, pfeffern und in der heißen Pfanne 1 Minute schwenken. Mit Knoblauchöl abschmecken. Calamari-Arme mehlieren und in 180 °C heißem Öl frittieren.
Die Buttersauce erwärmen, mit Zitronensaft, Zitronenschale und Salz abschmecken.

ANRICHTEN

Calamari-Streifen auf dem Teller anrichten und mit gekochten Nudelblättern abdecken. Mit einem Calamari-Püree-Kreis belegen. Halbierte Zucchiniblüte daraufsetzen, frittierten Calamari-Arm hineingeben. Mit Zucchiniwürfeln sowie dem Pulver getrockneter Tomaten garnieren und mit Sauce beträufeln.

WEINTIPP

Sauvignon „Lafoa“, Kellerei Schreckbichl, Girlan

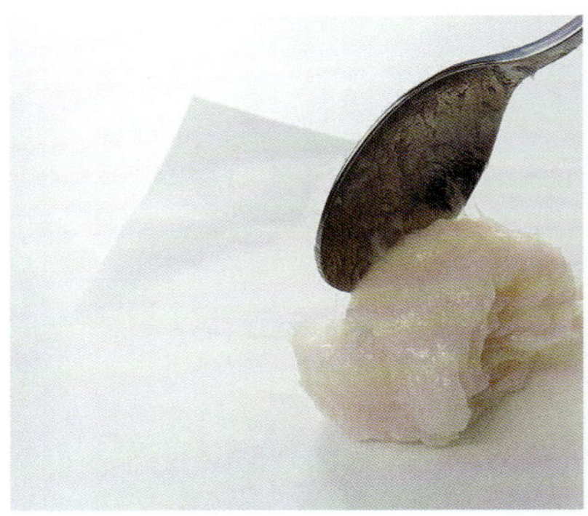

Tortelli
mit Kalbsbrustfüllung und Trüffeln

ZUTATEN
300 g Nudelteig (siehe S. 174)

FÜR DIE FÜLLUNG
1 kg Kalbsbrust, entbeint
Salz, Pfeffer
1 Karotte
½ Selleriestange
½ Zwiebel
3 Knoblauchzehen
1 Rosmarinzweig
3 Thymianzweige
1 l Gemüsefond (siehe S. 170)
Olivenöl
150 g Parmesan, gerieben

ZUM ANRICHTEN
zerlassene Butter
Parmesanspäne
80 g Trüffel, in Scheiben gehobelt
Petersilie
Trüffelöl (siehe Tipp)

ZUBEREITUNG

Für die Füllung die Kalbsbrust mit Salz und Pfeffer würzen und auf ein Backblech legen. Die Hälfte des Wurzelgemüses und der Kräuter zerkleinern und dazugeben. Im vorgeheizten Backofen bei 150 °C 1½ Stunden garen, dabei immer wieder mit Gemüsefond begießen. Die andere Hälfte des Gemüses und der Kräuter in Olivenöl leicht anrösten. Kalbsbrust aus dem Ofen nehmen, in Stücke schneiden und dazugeben, 5 Minuten dünsten. Alles durch den Fleischwolf drehen und mit geriebenem Parmesan abschmecken. Abkühlen lassen. Nudelteig mit der Nudelmaschine dünn ausrollen und in 6 x 6 cm große Vierecke schneiden. Etwas Füllung in die Mitte setzen, die Ränder mit Wasser bestreichen, übereinanderklappen und fest andrücken, Tortelli formen. In Salzwasser 3–4 Minuten kochen.

ANRICHTEN

Tortelli auf Teller verteilen, mit zerlassener Butter beträufeln, mit Parmesanspänen bestreuen und mit Trüffelscheiben, Petersilie sowie Trüffelöl garnieren.

TIPP

Für das Trüffelöl hacken Sie 40 g Trüffel sehr fein und verrühren sie mit 50 g Olivenöl.

WEINTIPP

Vernatsch „Karneid", Weingut Glögglhof, Franz Gojer, Bozen

Ravioli
mit Pfifferlingen und Petersiliensud

FÜR DEN NUDELTEIG
300 g Mehl
200 g Hartweizengrieß
210 g Wasser
1 EL Olivenöl

FÜR DIE FÜLLUNG
400 g Pfifferlinge
50 g geschmorte Zwiebeln (siehe S. 172)
1 EL Knoblauchöl (siehe S. 173)
20 g Petersilie, fein geschnitten
Salz

FÜR DEN PETERSILIENSUD
100 g Gemüsefond (siehe S. 170)
20 g Petersilie
10 g geschmorte Zwiebeln (siehe S. 172)
20 g Kartoffeln, gekocht
Salz, Pfeffer

ZUM ANRICHTEN
120 g kleine Pfifferlinge
Olivenöl
Salz
50 g Bergkäse (z. B. Vinschger Bergkäse), gerieben
zerlassene Butter

ZUBEREITUNG
Für den Nudelteig alle Zutaten gut verkneten und den Teig eingewickelt 1 Stunde ruhen lassen.
Pfifferlinge putzen und in mittelgroße Stücke schneiden. Zusammen mit den geschmorten Zwiebeln in Knoblauchöl andünsten, Petersilie dazugeben und mit Salz würzen. Auskühlen lassen.
Nudelteig mit der Nudelmaschine dünn ausrollen und Kreise (Ø 8 cm) ausstechen. In die Mitte der Kreise etwas von der Pfifferlingsfüllung geben, die Ränder mit Wasser bestreichen, gut festdrücken und Ravioli formen. In Salzwasser ungefähr 4 Minuten kochen lassen.
Für den Petersiliensud Gemüsefond zum Kochen bringen, Petersilie, geschmorte Zwiebeln und die in Scheiben geschnittene Kartoffel dazugeben. Gut aufkochen lassen und im Mixer aufmixen. Mit Salz und Pfeffer abschmecken.

ANRICHTEN
Die kleinen Pfifferlinge in Olivenöl ansautieren und mit Salz würzen. Petersiliensud auf die Teller träufeln, Ravioli darauf anrichten und mit geriebenem Bergkäse, Pfifferlingen und zerlassener Butter garnieren.

WEINTIPP
Weißburgunder „Plattenriegl“, Kellerei Girlan

Kloaznravioli mit Graukäse

FÜR DEN NUDELTEIG
50 g Weizenmehl
50 g Kloaznmehl
30 g Hartweizenmehl
1 Ei

FÜR DIE FÜLLUNG
200 g Kartoffeln
50 g weiche Butter
80 g Graukäse
Salz, Pfeffer

ZUM ANRICHTEN
Kloaznmehl
zerlassene Butter
Graukäse, in Würfel geschnitten
Schnittlauch, fein geschnitten

ZUBEREITUNG
Für den Nudelteig alle Zutaten zu einem geschmeidigen Teig verkneten, in Klarsichtfolie wickeln und 2 Stunden ruhen lassen.
Kartoffeln schälen, in Salzwasser kochen, abgießen und passieren. Mit Butter glatt rühren, Graukäse dazugeben und mit Salz und Pfeffer würzen.
Den Teig mit der Nudelmaschine dünn ausrollen, Kreise (Ø 15 cm) ausstechen und auf jeden Kreis etwas von der Füllung geben. Die Teigränder mit Wasser bestreichen und Ravioli formen. In leicht gesalzenem Wasser ungefähr 4–5 Minuten kochen lassen.

ANRICHTEN
Ravioli auf Teller verteilen, mit etwas Kloaznmehl bestreuen und mit zerlassener Butter beträufeln. Mit Graukäsewürfeln und Schnittlauch garnieren.

TIPP
Kloaznmehl wird aus getrockneten Birnen hergestellt. Sie finden es in Südtirol auf Bauernmärkten. Falls nicht, können Sie es durch Kastanienmehl oder Johannisbrotmehl (Boxelemehl) ersetzen.

WEINTIPP
Gewürztraminer „Hausmannhof", Weingut Haderburg, Alois Ochsenreiter, Salurn

Gebackener Cannolo
mit Melanzanefüllung und Tomatenkompott

ZUTATEN

4 mittelgroße Melanzane
Salz
4 Nudelblätter (6 x 15 cm)
Olivenöl
Knoblauchöl (siehe S. 173)
Öl zum Frittieren

FÜR DAS TOMATENKOMPOTT

400 g verschiedene Tomatensorten (Andenhorn, Ananastomate, Ochsenherz, Brandytomate)
50 g geschmorte Zwiebeln (siehe S. 172)
Olivenöl
1 EL Knoblauchöl (siehe S. 173)
Salz, Pfeffer

ZUM ANRICHTEN

Basilikum
Petersilienöl (siehe Tipp)
getrocknete Tomatenschale (siehe Tipp S. 98)

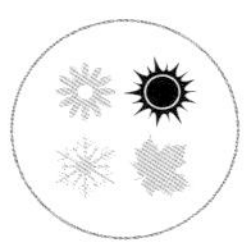

ZUBEREITUNG

Melanzane halbieren, an der Innenseite einschneiden und salzen. In Alufolie wickeln und im Backofen bei 150 °C 40 Minuten schmoren. Mit einem Löffel die Kerne entfernen und das Fruchtfleisch herauskratzen. Fruchtfleisch in ein Sieb geben und abgedeckt ruhen lassen, damit es Flüssigkeit verliert. Fruchtfleisch anschließend mit Oliven- und Knoblauchöl mixen, eventuell noch mit Salz abschmecken. Im Wasserbad warm halten.
Die Nudelblätter um eingefettete Cannoliformen rollen im 160 °C heißen Öl goldbraun ausbacken. Metallrollen vorsichtig herausziehen und Cannoli warm stellen.
Für das Tomatenkompott die Tomaten kreuzweise einritzen, kurz blanchieren und die Haut abziehen. In grobe Stücke schneiden und in einem Topf mit geschmorten Zwiebeln, Oliven- und Knoblauchöl dünsten, mit Salz und Pfeffer würzen. Ungefähr 8 Minuten im eigenen Saft leicht köcheln lassen.

ANRICHTEN

Tomatenkompott auf Teller verteilen, Cannolo mit einem Sägemesser vorsichtig halbieren, mit Melanzanepüree füllen und auf dem Tomatenkompott anrichten. Mit Basilikum, Petersilienöl und getrockneter Tomatenschale garnieren.

TIPP

Für das Petersilienöl frittieren Sie 60 g Petersilie in 160 °C heißem Öl, lassen sie gut auf Küchenpapier abtropfen und mixen sie mit 250 g Sonnenblumenöl. Das Öl hält sich im Kühlschrank ungefähr 1 Woche.

WEINTIPP

Kerner „Karneid“, Weingut Glögglhof, Franz Gojer, Bozen

Kastanienravioli mit schwarzen Trüffeln

FÜR DEN TEIG
250 g Mehl
100 g Hartweizengrieß
250 g Kastanien, gekocht und passiert
2 Eier
Salz

FÜR DIE FÜLLUNG
300 g Mascarpone
300 g Kastanien, gekocht und passiert
Salz

ZUM ANRICHTEN
zerlassene Butter
40 g Kastanien, gekocht und passiert
120 g schwarze Trüffel, gehobelt
Petersilienblätter
Trüffelkäse, gerieben

ZUBEREITUNG

Mehl, Hartweizengrieß und passierte Kastanien auf einer Arbeitsplatte vermischen. In die Mitte eine Mulde hineindrücken. Eier und Salz in die Mulde geben und von innen heraus kreisförmig zu einem homogenen Teig verkneten, in Klarsichtfolie einschlagen und 1 Stunde ruhen lassen.
Für die Füllung Mascarpone, passierte Kastanien und Salz vermengen. Den Nudelteig dünn ausrollen und Kreise (Ø ca. 8 cm) ausstechen. Auf die obere Hälfte etwas Füllung geben, die Ränder mit Wasser bestreichen und die untere Hälfte darüberklappen, Ränder gut festdrücken. Die Ravioli in Salzwasser 4–5 Minuten kochen lassen.

ANRICHTEN

Ravioli auf Teller verteilen, mit zerlassener Butter beträufeln und mit passierten Kastanien, Trüffelscheiben, Petersilie und Trüffelkäse garnieren.

WEINTIPP

Gewürztraminer, Weingut Baron Widmann, Kurtatsch

Roggenravioli mit Sauerkrautfüllung auf Selchfleisch und Senfbutter

FÜR DEN NUDELTEIG

150 g Roggenmehl
100 g Weizenmehl
60 g Wasser
1 Ei
1 EL flüssige Sahne

FÜR DIE FÜLLUNG

200 g Sauerkraut
Olivenöl
50 g geschmorte Zwiebeln (siehe S. 172)
2 Lorbeerblätter
4 Wacholderbeeren
Salz
50 g braune Butter

FÜR DAS SELCHFLEISCH

200 g Selchkarre (ohne Knochen)
3 Eiweiß
30 g Sahne

FÜR DIE SENFBUTTER

100 g Buttersauce (siehe S. 170)
10 g Senf
10 g Moutarde de Meaux (Pomméry-Senf)
10 g Dijonsenf

ZUM ANRICHTEN

Bergkäse (z. B. Stilfser), gerieben
Petersilie
120 g Selchfleischwürfel, gekocht

ZUBEREITUNG

Alle Zutaten für den Nudelteig zu einem geschmeidigen Teig verkneten, in Klarsichtfolie wickeln und 1 Stunde ruhen lassen.
Für die Füllung Sauerkraut waschen in Olivenöl farblos anschwitzen, geschmorte Zwiebeln, Lorbeerblätter und Wacholderbeeren dazugeben und so viel Wasser angießen, dass alles bedeckt ist. Mit Salz würzen. Wenn das Wasser eingekocht ist, mit brauner Butter abschmecken. Sauerkraut auskühlen lassen und etwas zerkleinern.
Den Nudelteig mit der Nudelmaschine dünn ausrollen und mit einem Metallring (Ø 6 cm) Kreise ausstechen. Etwas Sauerkraut daraufsetzen, Ränder mit Wasser bestreichen und Ravioli formen. In Salzwasser ungefähr 3–4 Minuten kochen.
Selchfleisch mit Eiweiß und Sahne im Mixer fein pürieren. Backpapier in 8 Quadrate (20 x 20 cm) schneiden. Farce als Häufchen auf 4 Backpapierquadrate setzen, mit den restlichen Quadraten abdecken und mit dem glatten Fleischklopfer vorsichtig ausklopfen, sodass ein Kreis entsteht. Vakuumieren und 2 Minuten im Wasser kochen lassen.
Für die Senfbutter die Buttersauce erwärmen und mit den verschiedenen Senfsorten verrühren.

ANRICHTEN

Das Selchfleisch aus der Vakuumierfolie nehmen und auf den Teller legen. Ravioli darauf anrichten und mit Senfbutter beträufeln. Mit Bergkäse, Petersilie und Selchfleischwürfeln garnieren.

TIPPS

Achten Sie beim Ausklopfen der Selchfleischfarce darauf, dass Sie die Masse nicht zu dünn ausklopfen. Sonst hält das Backpapier nicht.
Wenn Sie keinen Vakuumierer haben, können Sie das Backpapierquadrat mit der Selchfleischfarce auch 1–2 Minuten im Dampfgarer garen.

WEINTIPP

St. Magdalener classico, Weingut Fliederhof, Stefan Ramoser, Bozen

Schüttelbrotravioli
mit Topfen und Schnittlauchsauce

FÜR DEN NUDELTEIG
160 g Schüttelbrot, fein gerieben
200 g Mehl
3 Eier
Salz

FÜR DIE FÜLLUNG
300 g Topfen
100 g Alpkäse, in feine Würfel geschnitten
50 g geschmorte Zwiebeln (siehe S. 172)
Salz, Pfeffer

FÜR DIE SCHNITTLAUCHSAUCE
100 g Gemüsefond (siehe S. 170)
30 g Kartoffeln, gekocht
30 g Schnittlauch, fein geschnitten
Salz, Pfeffer

ZUM ANRICHTEN
Schüttelbrotbrösel
Alpkäse, geraspelt
zerlassene Butter
80 g Südtiroler Bauernspeck, in Streifen geschnitten
Schnittlauch, fein geschnitten

ZUBEREITUNG

Das fein geriebene Schüttelbrot mit Mehl und Salz vermengen, auf die Arbeitsplatte sieben und in die Mitte eine Mulde hineindrücken. Eier in die Mulde geben. Die Mehlmischung von innen nach außen einrühren (bei Bedarf Wasser dazugeben) und ungefähr 10 Minuten kneten. Den Teig in Klarsichtfolie einschlagen und 2 Stunden im Kühlschrank ruhen lassen.
Den Topfen für die Füllung gut ausdrücken und mit Alpkäse, geschmorten Zwiebeln, Salz und Pfeffer verrühren.
Den Nudelteig mit der Nudelmaschine dünn ausrollen, Kreise (Ø ca. 8 cm) ausstechen, etwas von der Topfenmasse in die Mitte setzen. Die Ränder mit Wasser bestreichen, übereinanderklappen und fest andrücken. Ravioli in Salzwasser 3–4 Minuten kochen.
Für die Schnittlauchsauce Gemüsefond mit den in Scheiben geschnittenen Kartoffeln zum Kochen bringen. Schnittlauch, Salz und Pfeffer dazugeben, kurz aufkochen lassen und im Mixer fein pürieren.

ANRICHTEN

Die heiße Schnittlauchsauce spiralförmig auf Teller gießen, die Ravioli darauf anrichten. Mit Schüttelbrotbröseln und Alpkäse bestreuen, mit zerlassener Butter beträufeln und mit Speckstreifen sowie Schnittlauch garnieren.

WEINTIPP

„Dolomytos“, Weingut Ansitz Dolomytos, Unterinn

Spargelcreme
mit Garnelen in Polentapanade

ZUTATEN

500 g grüner Spargel (12 Stangen)
50 g geschmorte Zwiebeln (siehe S. 172)
100 g Sahne
Salz, Pfeffer
12 Garnelen
100 g grobes Polentamehl
Öl zum Frittieren

ZUM ANRICHTEN

60 g Sauerrahm
Salz, Pfeffer
Salat nach Belieben
etwas getrocknete Tomatenschale (siehe Tipp)

ZUBEREITUNG

Spargel schälen und in Salzwasser bissfest garen, aus dem Kochwasser nehmen, Spitzen abschneiden und beiseite stellen. Den restlichen Spargel in Stücke schneiden, mit geschmorten Zwiebeln, Sahne, Salz und Pfeffer aufkochen. Im Mixer pürieren und durch ein Haarsieb streichen, sodass eine feine Creme entsteht.
Garnelen schälen, den Darm entfernen, salzen, pfeffern und in Polentamehl wälzen. Anschließend in 180 °C heißem Öl 2 Minuten frittieren.

ANRICHTEN

Die Spargelcreme als Spiegel auf dem Teller verteilen. Sauerrahm steif schlagen und mit Salz und Pfeffer abschmecken. Spargelspitzen, Salat und Garnelen darauf anrichten. Mit Sauerrahm und getrockneter Tomatenschale garnieren.

TIPP

Die getrocknete Tomatenschale können Sie ganz einfach herstellen. Dazu wird die Tomatenschale bei 30 °C im Backofen getrocknet und anschließend im Mörser pulverisiert.

WEINTIPP

Sauvignon „Tannenberger“, Weingut Manincor, Kaltern

Blumenkohlgulasch mit Kräuterkartoffeln

FÜR DAS BLUMENKOHLGULASCH

600 g Blumenkohl
200 g Dosentomaten (Pelati)
50 g geschmorte Zwiebeln (siehe S. 172)
Salz, Pfeffer

FÜR DIE KRÄUTERKARTOFFELN

300 g Kartoffeln
Salz, Pfeffer
4 Basilikumblätter, fein geschnitten
4 Petersilienblätter, fein geschnitten
1 TL Schnittlauch, fein geschnitten
1 TL Thymian, gehackt
50 g Olivenöl

ZUM ANRICHTEN

100 g Blumenkohl, in kleine Würfel geschnitten
1 Selleriestange, in kleine Würfel geschnitten
Olivenöl
12 geschmorte Datteltomaten (siehe S. 170)
4 Sellerieblätter

ZUBEREITUNG

Blumenkohl putzen und in kleine Röschen teilen. Tomaten und geschmorte Zwiebeln in einen Topf geben und zum Kochen bringen. Blumenkohl zufügen, mit Salz und Pfeffer abschmecken und 15 Minuten kochen lassen.
Kartoffeln in der Schale kochen, heiß schälen und mit einer Gabel zerdrücken, salzen und pfeffern. Kräuter und Olivenöl unter die Kartoffeln rühren und warm halten.

ANRICHTEN

Blumenkohlwürfel und Selleriestangenwürfel getrennt in Olivenöl anschwitzen. Kräuterkartoffeln mithilfe eines Metallringes in der Tellermitte platzieren, Selleriewürfel auf den Kartoffeln verteilen. Blumenkohlgulasch kreisförmig anrichten. Mit geschmorten Datteltomaten, Blumenkohlwürfeln und Sellerieblättern garnieren.

WEINTIPP

Riesling, Weingut Unterortl, Martin Aurich, Castel Juval

Pilzkappe „alla pizzaiola"

ZUTATEN
4 mittelgroße Steinpilze
Salz, Pfeffer
Olivenöl
200 g Kartoffeln
200 g Steinpilze, in Würfel geschnitten
Petersilie, fein gehackt

ZUM ANRICHTEN
200 g Mozzarella, in Würfel geschnitten
100 g Steinpilze, blättrig geschnitten

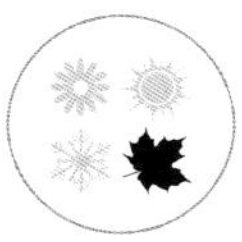

ZUBEREITUNG
Steinpilze putzen und vom Stiel befreien, die Pilzkappen salzen, pfeffern und in Olivenöl auf beiden Seiten kurz anbraten. Kartoffeln schälen und in Würfel schneiden, in Olivenöl ungefähr 5 Minuten farblos anschwitzen, mit Salz und Pfeffer würzen. Steinpilzwürfel ebenfalls in Olivenöl anschwitzen, salzen, Petersilie dazugeben und mit den Kartoffelwürfeln vermischen.

ANRICHTEN
Steinpilzkappen auf Teller geben, gleichmäßig mit Kartoffel-Pilz-Würfeln und Mozzarella belegen. Bei starker Oberhitze im Backofen gratinieren lassen. Mit Steinpilzscheiben garniert servieren.

WEINTIPP
„Voglar", Peter Dipoli, Neumarkt

Topfennocken auf Paradeisschnitzel

FÜR DIE TOPFENNOCKEN
350 g Topfen
4 Eigelb
20 g Parmesan, gerieben
Salz, Pfeffer
80 g Mehl
zerlassene Butter

FÜR DIE PARADEISSCHNITZEL
2 Tomaten
Salz, Pfeffer
Olivenöl
Knoblauchöl (siehe S. 173)

ZUM ANRICHTEN
gereifter Pecorino, gerieben
Basilikum
Tomatencreme (siehe S. 173)

ZUBEREITUNG
Topfen gut ausdrücken und mit Eigelb, Parmesan, Salz und Pfeffer verrühren. Zum Schluss das Mehl einarbeiten und die Masse mit der Küchenmaschine 30 Minuten verrühren. In einen Spritzbeutel füllen und Nocken in kochendes Salzwasser spritzen. Ungefähr 4 Minuten kochen lassen, mit einer Schaumkelle herausnehmen und in zerlassener Butter schwenken.
Tomaten häuten und in 1 cm dicke Scheiben schneiden. Die Abschnitte in Würfel schneiden. Die Tomatenscheiben in etwas Olivenöl auf beiden Seiten ungefähr 5 Minuten anbraten, bis zum Anrichten warm stellen. Tomatenwürfel in Olivenöl ebenfalls 5 Minuten dünsten mit Salz, Pfeffer und Knoblauchöl würzen.

ANRICHTEN
Tomatenscheiben auf Teller geben, Topfennocken darauf anrichten und mit Tomatenwürfeln, gereiftem Pecorino, Basilikum und Tomatencreme garnieren.

WEINTIPP
Südtiroler Weißburgunder „Gumphof", Weingut Markus Prackwieser, Völs

Hauptspeisen

Kartoffelpizza mit Meeresfrüchten

ZUTATEN

200 g mehlige Kartoffeln
100 g Calamari
8 Garnelen
100 g Oktopus, gekocht
Olivenöl
Salz, Pfeffer
16 Oliven
30 g Kapern
100 g geschmorte Zwiebeln **(siehe S. 172)**
10 g Petersilie, fein gehackt
8 geschmorte Datteltomaten **(siehe S. 170)**

ZUM ANRICHTEN

Basilikum
Olivenkraut
getrocknete Tomatenschale **(siehe Tipp S. 98)**

ZUBEREITUNG

Kartoffeln schälen, in Stücke schneiden und in Salzwasser weich kochen. Abgießen, durch eine Kartoffelpresse drücken, mit dem Schneebesen glatt rühren und mit Salz abschmecken.
Calamari putzen und in Streifen schneiden. Garnelen schälen und den Darm entfernen. Calamari, Garnelen und den gekochten Oktopus getrennt in Olivenöl ansautieren, salzen und pfeffern. Oliven, Kapern, geschmorte Zwiebeln, Petersilie und etwas Olivenöl gut vermengen, geschmorte Tomaten leicht erwärmen.

ANRICHTEN

Glatt gerührte Kartoffeln zu gleichen Teilen auf die Teller verteilen. Teller mit Klarsichtfolie bedecken und die Kartoffeln mit einem glatten Fleischklopfer oder einem Topf dünn ausklopfen. Meeresfrüchte darauf anrichten. Mit den restlichen Zutaten belegen und mit Basilikum, Olivenkraut und getrockneter Tomatenschale garnieren.

WEINTIPP

Sylvaner, Weingut Hoandlhof, Manni Nössing, Brixen

Seeteufel mit Zwiebel-Kapern-Gremolata auf Melanzane und Pesto

ZUTATEN

600 g Seeteufel
Salz, Pfeffer
Olivenöl
4 Melanzanescheiben
20 g Kapern
50 g geschmorte Zwiebeln **(siehe S. 172)**

ZUM ANRICHTEN

4 EL Pesto (siehe Tipp)
100 g Peperonicreme (siehe Tipp)

ZUBEREITUNG

Seeteufel in 4 gleich große Stücke schneiden. Salzen und pfeffern. In Olivenöl auf beiden Seiten anbraten, ohne dass der Fisch Farbe annimmt. Ungefähr 10 Minuten am Herdrand ruhen lassen. Die Melanzanescheiben in einer Pfanne ohne Öl auf beiden Seiten anbraten, salzen und warm stellen. Kapern fein hacken, mit den geschmorten Zwiebeln vermischen und auf dem Seeteufel verteilen. Im Backofen bei starker Oberhitze kurz gratinieren.

ANRICHTEN

Eine Melanzanescheibe in die Mitte des Tellers legen, den Seeteufel daraufsetzen und mit Peperonicreme und Pesto garnieren.

TIPPS

Für den Pesto 20 Basilikumblätter, 20 Pignoli, 40 g Parmesan und 20 g Olivenöl im Mixer oder Mörser fein zerkleinern. Mit Salz und Pfeffer abschmecken.
Für die Peperonicreme 100 g rote Peperoni und 10 g geschmorte Zwiebeln in Oliven- und Knoblauchöl 5 Minuten anschwitzen. Sahne aufgießen und 10 Minuten kochen lassen. Mit Salz und Pfeffer würzen und im Mixer pürieren. Durch ein feines Sieb passieren und auskühlen lassen.

WEINTIPP

Sylvaner „Lahner“, Weingut Taschlerhof, Peter Wachtler, Brixen

Seezunge
mit Kartoffel-Tomaten-Püree

ZUTATEN
8 Seezungenfiles (á 100 g)
Salz, Pfeffer
Olivenöl

FÜR DAS KARTOFFEL-TOMATEN-PÜREE
100 g Kartoffeln
30 g Tomatencreme (siehe S. 173)
50 g geschmorte Zwiebeln (siehe S. 172)
Salz, Pfeffer

ZUM ANRICHTEN
120 g Zitronensauce (siehe S. 122)
4 geschmorte Datteltomaten (siehe S. 170)
Kräuter nach Belieben (z. B. Basilikum, Rucola, Minze, Sauerklee, Thymian)
getrocknete Tomatenschale (siehe Tipp S. 98)

ZUBEREITUNG
Seezungenfilets mit Salz und Pfeffer würzen und in Olivenöl auf beiden Seiten ungefähr 5 Minuten braten, ohne dass sie Farbe annehmen. Am Herdrand etwas ruhen lassen.
Für das Kartoffel-Tomaten-Püree Kartoffeln schälen, in Salzwasser weich kochen, abseihen und durch die Kartoffelpresse drücken. Mit dem Schneebesen Tomatencreme und geschmorte Zwiebeln unterrühren, salzen und pfeffern.

ANRICHTEN
Seezungenfilets auf Teller geben und Kartoffel-Tomaten-Püree darauf anrichten. Mit Zitronensauce, geschmorten Datteltomaten, Kräutern und getrockneter Tomatenschale garnieren.

WEINTIPP
Müller Thurgau „Radoar“, Norbert Blasbichler, Feldthurns

Bernsteinfisch mit Wassermelone

ZUTATEN

600 g Bernsteinfisch, küchenfertig (ohne Haut und Gräten)
Salz, Pfeffer
Knoblauchöl (siehe S. 173)
Olivenöl
320 g Wassermelone, in 8 Würfel geschnitten
12 gelbe Kischtomaten

ZUM ANRICHTEN

Zucchinischeiben
Olivenöl
Salz, Pfeffer
Fleur de Sel
4 EL Zitronensauce (siehe S. 122)
1 Zitrone, Schale in Zesten
Basilikum
getrocknete Tomatenschale (siehe Tipp S. 98)

ZUBEREITUNG

Bernsteinfisch mit Salz, Pfeffer und Knoblauchöl würzen. In Olivenöl auf beiden Seiten etwa 3 Minuten anbraten (der Fisch soll glasig sein), anschließend im Backofen bei 80 °C ungefähr 10 Minuten ruhen lassen. Die Wassermelonenwürfel in einer heißen Teflonpfanne auf einer Seite kurz anbraten, sodass sie etwas Farbe bekommen. Die Tomaten kreuzweise einritzen, blanchieren, häuten, halbieren und in Olivenöl ansautieren, mit Knoblauchöl und Salz abschmecken.

ANRICHTEN

Zucchinischeiben in etwas Olivenöl ansautieren, mit Salz und Pfeffer würzen. Wassermelonenwürfel auf Teller verteilen, den Bernsteinfisch portionieren, mit Fleur de Sel bestreuen und an die Wassermelonenwürfel lehnen. Mit Tomaten, Zitronensauce, Zitronenzesten, Basilikum und getrockneter Tomatenschale garnieren.

TIPP

Bernsteinfisch (Gelbschwanzmakrele, ital. Ricciola) ist ein hervorragender Speisefisch mit sehr festem, weißem bis rosafarbenem Fleisch und einem hohen Fettgehalt. Er eignet sich zum Grillen, Braten, aber auch für die Zubereitung von Sushi.

WEINTIPP

„Réserve della Contessa", Weingut Manincor, Kaltern

Makrele auf mediterrane Art

ZUTATEN

2 frische Makrelen
750 g Olivenöl
4 Lorbeerblätter
4 Thymianzweige
4 Knoblauchzehen
2 rote Peperoni
½ gelbe Peperoni
1 Zucchino
100 g Tomaten
Salz, Pfeffer

ZUM ANRICHTEN

Austernkraut
Tomatencreme (siehe S. 173)

ZUBEREITUNG

Makrelen filetieren und die äußere, gallertartige Haut abziehen. Olivenöl in einen Topf geben und die Makrelen darin bei ungefähr 80–90 °C 5 Minuten garen. Lorbeerblätter, Thymian und Knoblauch dazugeben und 5 Minuten ruhen lassen.
Die rote Peperoni schälen, vierteln und im Backofen bei 150 °C 7 Minuten schmoren. Die gelbe Peperoni schälen und in kleine Würfel schneiden, Zucchino ebenfalls in kleine Würfel schneiden. Beides mit Olivenöl ungefähr 5 Minuten andünsten. Tomaten in Würfel schneiden und dazugeben, weitere 3 Minuten dünsten. Mit Salz und Pfeffer würzen.

ANRICHTEN

Die geschmorten roten Peperoniviertel in die Mitte des Tellers geben und das geschmorte Gemüse darauf anrichten, die Makrelenfilets daraufsetzen und mit Austernkraut und Tomatencreme garnieren.

TIPP

Peperoni lassen sich ganz leicht mit einem Sparschäler oder Gemüsemesser schälen.

WEINTIPP

Sylvaner, Weingut Strasserhof, Hannes Baumgartner, Vahrn

Kabeljau und gefüllte Zucchiniblüte auf Tomatenkompott

ZUTATEN

600 g Kabeljaufilet mit Haut (küchenfertig)
Salz, Pfeffer
1 Knoblauchzehe
1 Rosmarinzweig
Olivenöl

FÜR DAS TOMATENKOMPOTT

400 g verschiedene Tomatensorten (Andenhorn, Ananastomate, Ochsenherz, Brandytomate)
50 g geschmorte Zwiebeln (siehe S. 172)
Olivenöl
1 EL Knoblauchöl (siehe S. 173)
Salz, Pfeffer

FÜR DIE GEFÜLLTE ZUCCHINIBLÜTE

4 Zucchiniblüten
240 g Zucchini, in Würfel geschnitten
Olivenöl
100 g Tomaten, in Würfel geschnitten
3 Basilikumblätter, fein geschnitten
3 Minzblätter, fein geschnitten
1 EL Knoblauchöl (siehe S. 173)
Salz, Pfeffer
Mehl, Ei und Semmelbrösel zum Panieren
Öl zum Frittieren

ZUM ANRICHTEN

4 Oliven
Olivenkraut
Olivenöl
getrocknete Tomatenschale (siehe Tipp S. 98)

ZUBEREITUNG

Kabeljau in 4 gleich große Stücke schneiden, salzen und pfeffern. Zusammen mit Knoblauch und Rosmarin in Olivenöl auf der Hautseite ungefähr 5 Minuten braten (die Garzeit hängt von der Dicke ab).
Für das Tomatenkompott Tomaten kreuzweise einritzen, kurz blanchieren und die Haut abziehen. In grobe Stücke schneiden und in einem Topf mit geschmorten Zwiebeln, Oliven- und Knoblauchöl dünsten, mit Salz und Pfeffer würzen. Ungefähr 8 Minuten im eigenen Saft leicht köcheln lassen.
Aus den Zucchini die Blütenstempel vorsichtig herauslösen. Zucchiniwürfel etwa 3 Minuten in Olivenöl farblos anschwitzen. Tomatenwürfel, Basilikum, Minze und Knoblauchöl dazugeben, mit Salz und Pfeffer würzen. Kalt stellen. Zucchiniblüten mit dem Gemüse füllen. Die gefüllten Blüten mehlieren, durch Ei ziehen und mit Semmelbröseln panieren. In 160 °C heißem Öl ausbacken. Auf Küchenpapier abtropfen lassen und vorsichtig halbieren.

ANRICHTEN

Tomatenkompott auf Teller verteilen. Kabeljau und halbierte Zucchiniblüte daneben anrichten. Mit Oliven, Olivenkraut, Olivenöl und getrockneter Tomatenschale garnieren.

TIPPS

Falls die Tomaten sehr wässrig sind und beim Garen zu viel Flüssigkeit abgeben, gießen sie einfach ¾ des Saftes ab und reduzieren ihn in einem Topf nach Belieben ein. Man kann diese Reduktion wunderbar als Sauce (z. B. für Nudeln) benutzen.
Die Zucchiniblüten lassen sich am besten mit einem Spritzbeutel füllen.

WEINTIPP

Chardonnay „Hausmannhof“, Weingut Haderburg, Alois Ochsenreiter, Salurn

Kalbsrücken
mit Schnittlauchkruste auf Mönchsbartkraut

FÜR DIE SCHNITTLAUCHKRUSTE
70 g Butter
50 g Toastbrot, gerieben
15 g Schnittlauch, fein geschnitten
Salz, Pfeffer

FÜR DEN KALBSRÜCKEN
600 g Kalbsrücken, pariert
Salz, Pfeffer
Olivenöl

FÜR DAS MÖNCHSBARTKRAUT
400 g Mönchsbartkraut
Olivenöl
50 g geschmorte Zwiebeln (siehe S. 172)
Salz, Pfeffer

ZUM ANRICHTEN
60 g Hallimasch
Olivenöl
Salz, Pfeffer
320 g Topinamburpüree (siehe Tipp)
Petersilie
100 g Kalbsfond, einreduziert (siehe S. 172)

ZUBEREITUNG

Für die Schnittlauchkruste Butter schaumig rühren, Toastbrot und Schnittlauch dazugeben und mit Salz und Pfeffer würzen. Masse in Klarsichtfolie wickeln und bis zur weiteren Verarbeitung kalt stellen.
Kalbsrücken in 4 gleich große Stücke schneiden. Salzen, pfeffern und in Olivenöl auf beiden Seiten stark anbraten. Bei 60 °C ungefähr 10 Minuten im Backofen ruhen lassen. Die Schnittlauchkruste in Scheiben schneiden und auf den Kalbsrücken legen. Bei starker Oberhitze im Backofen gratinieren.
Mönchsbartkraut von den Wurzeln und vom Hauptstiel befreien und die Blätter in Salzwasser 3–4 Minuten kochen. Abseihen und mit Olivenöl, geschmorten Zwiebeln, Salz und Pfeffer abschmecken.

ANRICHTEN

Hallimasch ohne Stiel in Olivenöl ansautieren und mit Salz und Pfeffer würzen. Das Mönchsbartkraut auf den Teller geben. Kalbsrücken aufschneiden und auf und neben dem Mönchsbartkraut anrichten. Mit Topinamburpüree, Hallimasch, Petersilie und einreduziertem Kalbsfond garnieren.

TIPPS

Mönchsbartkraut, ein Wintergemüse, finden Sie auch unter dem Namen Agretti oder *Salsola soda*. Seine Blätter sehen aus wie Schnittlauch und es schmeckt wie eine Mischung aus Spinat und Spargel. Mönchsbartkraut ist sehr reich an Vitamin A, Kalzium und Eisen.
Für das Topinamburpüree wird 1 kg Topinambur geschält und in Scheiben geschnitten. In Salzwasser kochen, herausnehmen und auf ein Backblech legen. Im Backofen bei 130 °C 20 Minuten lang trocknen. Die Topinamburscheiben dürfen dabei aber nicht braun werden! Topinambur in einen Topf geben und so viel Sahne angießen, dass alles bedeckt ist. So lange kochen lassen, bis die Sahne einreduziert ist. Mit Salz abschmecken und im Mixer fein pürieren.

WEINTIPP

Blauburgunder „Mazzon“, Weingut Gottardi, Mazzon

Milchkalbsleber
mit Petersilien-Knoblauch-Kruste auf Spinat-Kartoffel-Gemüse und Zitronensauce

FÜR DIE KALBSLEBER
600 g Kalbsleber
50 g Butter
100 g Toastbrot, fein gerieben
30 g Petersilie, gehackt
20 g Knoblauch, fein gehackt
Salz, Pfeffer
Olivenöl

FÜR DAS SPINAT-KARTOFFEL-GEMÜSE
400 g Spinat
Olivenöl
Salz, Pfeffer
100 g Kartoffeln

FÜR DIE ZITRONENSAUCE
100 g Buttersauce (siehe S. 170)
½ unbehandelte Zitrone, Schale abgerieben
Salz
etwas Zitronensaft

ZUM ANRICHTEN
120 g Rahmspinat (siehe Tipp)

ZUBEREITUNG

Butter schaumig rühren, Toastbrot, Petersilie, Knoblauch, Salz und Pfeffer dazugeben und gut verrühren. Petersilien-Knoblauch-Butter zwischen zwei Klarsichtfolien zu einer rechteckigen Platte ausrollen (ungefähr 3–4 mm dünn) und kalt stellen. Kalbsleber in vier große Scheiben schneiden, auf beiden Seiten in Olivenöl stark anbraten und im Backofen bei 80 °C 20 Minuten ruhen lassen. Petersilien-Knoblauch-Butter in Stücke schneiden, auf die Kalbsleber legen und bei starker Oberhitze im Backofen gratinieren lassen.
Spinat putzen, waschen, abtrocknen und in Olivenöl anschwitzen. Mit Salz würzen. Kartoffeln schälen, in kleine Würfel schneiden und in einer Teflonpfanne mit etwas Olivenöl goldgelb anschwitzen, salzen und pfeffern.
Für die Zitronensauce die Buttersauce mit Zitronenschale, Salz und etwas Zitronensaft abschmecken.

ANRICHTEN

Spinat als Rechteck in der Tellermitte anrichten. Die Kalbsleber auf ein mit Salz bestreutes Schneidebrett legen und anschneiden. Auf dem Spinat platzieren und mit Kartoffelwürfeln, Zitronensauce und Rahmspinat garnieren.

TIPP

Für den Rahmspinat schneiden Sie 70 g Zwiebeln und 2 Knoblauchzehen in kleine Würfel und schwitzen sie in Olivenöl an. 300 g geputzten Spinat dazugeben und kurz dünsten, dann mit 150 g Sahne aufgießen und mit Salz und Pfeffer abschmecken. Im Mixer fein pürieren.

WEINTIPP

„Campill", Weingut Pranzegg, Martin Gojer, Bozen

Lammrücken

mit Schüttelbrot-Kräuter-Gremolata auf Wurzelgemüse und Topinamburpüree

ZUTATEN

600 g Lammkarree (küchenfertig)
Salz, Pfeffer
Olivenöl

FÜR DIE SCHÜTTELBROT-KRÄUTER-GREMOLATA

100 g Schüttelbrot
1 kleiner Rosmarinzweig
1 Thymianzweig
4 Basilikumblätter
4 Petersilienblätter
Salz, Pfeffer

FÜR DAS WURZELGEMÜSE

1 Pastinake
1 Karotte
20 g Knollenziest
10 g Erdmandeln, fein geschnitten

ZUM ANRICHTEN

½ l Lammfond (siehe S. 172)
200 g Topinamburpüree (siehe Tipp S. 120)
Topinamburchips
8 breite Bohnen (Taccole), gekocht und ansautiert

ZUBEREITUNG

Lammkarree in 4 gleiche Teile schneiden, salzen, pfeffern und in Olivenöl auf allen Seiten gut anbraten. Bei 80 °C 10–15 Minuten im Backofen ruhen lassen.
Für die Schüttelbrot-Kräuter-Gremolata das Schüttelbrot reiben oder zerbröseln und die Kräuter fein schneiden. Alles gut vermischen, mit Salz und Pfeffer würzen. Auf das gebratene Lammkarree streuen und im Backofen kurz erwärmen.
Wurzelgemüse klein schneiden und in Olivenöl farblos anschwitzen. Knollenziest ungefähr 5 Minuten in Wasser kochen und zum Wurzelgemüse geben. Erdmandeln darüberstreuen.

ANRICHTEN

Lammfond auf die gewünschte Konsistenz einreduzieren lassen. Das Wurzelgemüse auf Teller verteilen, Lammrücken daneben anrichten und mit Lammfond, Topinamburpüree, Topinamburchips und Bohnen garnieren.

WEINTIPP

Blauburgunder „Hausmannhof", Weingut Haderburg, Alois Ochsenreiter, Salurn

Kaninchenkeule

mit geschmortem Zwiebel-Lauch-Gemüse, Selleriepüree und blauen Kartoffelchips

ZUTATEN

4 Kaninchenkeulen
½ Zwiebel
2 Knoblauchzehen
1 Lorbeerblatt
2 Wacholderbeeren
Olivenöl
1 l Gemüsefond (siehe S. 170)
30 g Butter
1 Rosmarinzweig, fein geschnitten
Salz, Pfeffer

FÜR DAS ZWIEBEL-LAUCH-GEMÜSE

1 mittelgroße Zwiebel
Olivenöl
1 Thymianzweig
Salz, Pfeffer
1 Lauchstange
etwas Gemüsefond (siehe S. 170)

FÜR DIE KARTOFFELCHIPS

2 blaue Kartoffeln
Öl zum Frittieren

ZUM ANRICHTEN

240 g Selleriepüree (siehe S. 173)
20 Oliven (ohne Stein)

ZUBEREITUNG

Kaninchenkeulen auslösen und in mehrere Teile schneiden. Knochen und Parüren mit Zwiebel, Knoblauchzehen, Lorbeerblatt und Wacholderbeeren in Olivenöl anrösten. Mit Gemüsefond aufgießen und 1 Stunde kochen lassen. Durch ein feines Sieb gießen und auf die gewünschte Konsistenz einreduzieren.
Die Kaninchenteile in Olivenöl und Butter auf allen Seiten anbraten, mit dem fein geschnittenen Rosmarin, Salz und Pfeffer würzen.
Für das Zwiebel-Lauch-Gemüse Zwiebel schälen und in mittelgroße Spalten schneiden. Olivenöl erhitzen und Zwiebelspalten darin mit Thymian, Salz und Pfeffer bissfest dünsten.
Lauch in Ringe schneiden, in Olivenöl und etwas Gemüsefond weich dünsten. Salzen und pfeffern.
Für die Kartoffelchips die blauen Kartoffeln waschen und mit der Schale in dünne Scheiben schneiden. Ungefähr 10 Minuten in lauwarmes Wasser legen, abtrocknen und im 150 °C heißen Öl knusprig frittieren.

ANRICHTEN

Zwiebeln und Lauch auf Teller verteilen, Kaninchenteile darauf anrichten. Mit Kaninchenfond, Selleriepüree, Oliven und Kartoffelchips garnieren.

TIPP

Lassen Sie sich die Kaninchenkeule von Ihrem Metzger in die einzelnen Teile zerlegen, wenn Sie beim Ausbeinen nicht so geübt sind. Die Knochen und Parüren (Abschnitte) unbedingt mit einpacken lassen!

WEINTIPP

Kalterersee, Erste + Neue Kellerei Kaltern

Rebhuhn
mit gedünstetem Spitzkohl und Knollenziest

ZUTATEN

4 Rebhühner (á 300 g)
1 Zwiebel
2 Knoblauchzehen
2 Lorbeerblätter
2 Wacholderbeeren
Olivenöl
1 l Gemüsefond (siehe S. 170)
Salz, Pfeffer
600 g Spitzkohl
50 g geschmorte Zwiebeln (siehe S. 172)
200 g Knollenziest

ZUBEREITUNG

Rebhühner auslösen und die Karkassen mit kaltem Wasser waschen. Karkassen mit einem Messer grob zerkleinern. Zwiebel, Knoblauch, Lorbeerblätter und Wacholderbeeren in Olivenöl anrösten, die Rebhuhnkarkassen dazugeben und ebenfalls anrösten. Mit Gemüsefond aufgießen und ungefähr 1 Stunde köcheln lassen. Durch ein feines Tuch gießen und Rebhuhnfond bis zur gewünschten Konsistenz einreduzieren lassen. Mit Salz und Pfeffer würzen.
Das ausgelöste Rebhuhn auf der Hautseite in heißem Olivenöl etwa 5 Minuten braten, mit Salz und Pfeffer würzen und im Backofen bei 80 °C ungefähr 20 Minuten ruhen lassen.
Spitzkohl in Streifen schneiden, in Olivenöl bei mäßiger Hitze 15 Minuten weich dünsten. Mit Salz, Pfeffer und geschmorten Zwiebeln abschmecken.
Knollenziest gut waschen, in Salzwasser kochen und in Olivenöl schwenken.

ANRICHTEN

Den gedünsteten Spitzkohl mittig auf dem Teller anrichten. Rebhuhnbrust in der Mitte teilen und daraufsetzen. Die Keulen danebenlegen und mit Knollenziest und Rebhuhnfond garnieren.

WEINTIPP

Merlot „Gant“, Kellerei Andrian

Taubenbrust
auf Erdbeerspinat und Pfifferlingen

ZUTATEN
2 Tauben (á 500 g)
Salz, Pfeffer
1 Knoblauchzehe
1 Rosmarinzweig
Olivenöl
200 g Erdbeerspinat
300 g Pfifferlinge
Petersilie, fein geschnitten

ZUM ANRICHTEN
200 g Rotweinreduktion (siehe Tipp)

ZUBEREITUNG
Taubenbrust auslösen, parieren (Silberhaut gut entfernen) und die Keulen von den Schenkelknochen befreien. Mit Salz und Pfeffer würzen. Das Fleisch zusammen mit Knoblauch und Rosmarin in Olivenöl kurz, aber kräftig auf beiden Seiten anbraten. Bei 60 °C ungefähr 10 Minuten ruhen lassen.
Erdbeerspinat waschen, Blätter von den Stängeln zupfen und die Früchte beiseite legen. Spinat in Salzwasser kurz blanchieren und anschließend in Olivenöl dünsten. Mit Salz und Pfeffer würzen.
Pfifferlinge putzen und in Olivenöl ungefähr 5 Minuten anschwitzen. Salzen und mit Petersilie bestreuen.

ANRICHTEN
Taubenbrust halbieren. Erdbeerspinat und Pfifferlinge auf Tellern anrichten, Taubenbrust und Keule darauflegen. Mit Rotweinsauce beträufeln und mit den Früchten des Erdbeerspinats garnieren.

TIPP
Für die Rotweinreduktion lässt man 1 l Rotwein mit 3 EL Zucker so lange einkochen, bis die Konsistenz sirupartig ist.
Erdbeerspinat ist eine alte, vergessene Gemüsesorte. Die Früchte sehen zwar aus wie Walderdbeeren, haben aber einen ganz anderen Geschmack. Man kann dieses Gemüse sehr gut im eigenen Garten oder auf dem Balkon anbauen.

WEINTIPP
Lagrein Riserva „Taber“, Kellerei Bozen

Geschmorter Ochsenschwanz
mit Artischockenherzen

FÜR DEN OCHSENSCHWANZ

1 Ochsenschwanz (ca. 1,2–1,5 kg)
Salz, Pfeffer
Olivenöl
1 mittelgroße Zwiebel
1 Selleriestange
2 Knoblauchzehen
5 Lorbeerblätter
5 Wacholderbeeren
2 Thymianzweige
1 Rosmarinzweig
50 g Tomatenmark
1 l Rotwein

FÜR DIE ARTISCHOCKEN

12 große Artischocken
100 g geschmorte Zwiebeln (siehe S. 172)
20 g Petersilie, fein geschnitten
50 g Alpkäse, gerieben

ZUM ANRICHTEN

Salat nach Belieben
Salatvinaigrette (siehe S. 173)

ZUBEREITUNG

Ochsenschwanz in Stücke teilen, mit Salz und Pfeffer würzen und in etwas Olivenöl auf beiden Seiten gut anbraten. Ochsenschwanz herausnehmen und das Fett abgießen. Zwiebel, Selleriestange und Knoblauch grob zerkleinern und in die Pfanne geben, Kräuter und Tomatenmark zufügen und andünsten. Ochsenschwanz dazugeben und mit Rotwein aufgießen. Wenn der Ochsenschwanz noch nicht vollständig mit Flüssigkeit bedeckt ist, etwas Wasser oder Gemüsebrühe zugießen. Im vorgeheizten Backofen bei 160 °C ungefähr 2–3 Stunden schmoren lassen. Ochsenschwanz aus der Sauce nehmen, Flüssigkeit durch ein feines Sieb gießen und einreduzieren lassen.
Von den Artischocken das obere Drittel abschneiden und die äußeren Blätter großzügig entfernen. Stiele herausdrehen und schälen, Artischockenböden vom Heu befreien. Beides in Salzwasser etwa 8–10 Minuten weich kochen.
Den Ochsenschwanz in Würfel schneiden, mit etwas Sauce abschmecken und zusammen mit den geschmorten Zwiebeln und Petersilie in die Artischockenherzen geben. Mit geriebenem Alpkäse bestreuen und Artischocken ungefähr 8 Minuten im Ofen gratinieren.

ANRICHTEN

Salat mit Salatvinaigrette anmachen. Die Artischockenherzen auf Tellern anrichten, mit Ochsenschwanzsauce beträufeln und mit Salat und Artischockenstielen garnieren.

WEINTIPP

„Rot“, Weingut Baron Widmann, Kurtatsch

Desserts

Rhabarbercannolo

mit Schokoladenmousse, Erdbeertatar und Sauerrahmeis auf Mandelhippe

FÜR DIE MANDELHIPPEN
3 unbehandelte Orangen
300 g Zucker
110 g Mandeln, gemahlen
110 g Mehl
110 g flüssige Butter

FÜR DIE RHABARBERCANNOLI
100 g weiße Kuvertüre
500 g Wasser
250 g Zucker
½ Vanilleschote
1 Rhabarberstange (ca. 200 g)
160 g weiße Schokoladenmousse (siehe S. 144)

FÜR DAS ERDBEERTATAR
320 g Erdbeeren
etwas Zucker

FÜR DAS SAUERRAHMEIS
500 g Sauerrahm
100 g Staubzucker
15 g Milchpulver (aus der Apotheke)
50 g Zitronensaft

ZUM ANRICHTEN
Staubzucker
4 Erdbeeren, in Scheiben geschnitten
Minze
Mélange Noir (von Ingo Holland)
geschmolzene weiße Schokolade

ZUBEREITUNG

Für die Hippenmasse die Orangenschale abreiben. Zwei Orangen auspressen und den Saft durch ein Sieb gießen. Orangenschale, -saft, Zucker, Mandeln und Mehl verrühren. Zum Schluss die flüssige und abgekühlte Butter einrühren. Teig im Kühlschrank 12 Stunden ruhen lassen.

Aus festem Karton oder Kunststoff eine Schablone mit einem Durchmesser von ungefähr 10 cm ausschneiden. Die Schablone auf eine Silpatmatte legen und etwas Teig in die Mitte geben. Den Teig mit einer Palette dünn verstreichen, sodass die Schablone ausgefüllt ist. Schablone vorsichtig abheben. Im vorgeheizten Backofen bei 180 °C backen, bis sich die Hippen leicht färben. Nur kurz abkühlen lassen, da sich die Hippen nicht mehr formen lassen, wenn sie kalt sind! Die Hippen vorsichtig von der Silpatmatte lösen und beliebig formen, abkühlen lassen.

Für die Rhabarbercannoli weiße Kuvertüre zerkleinern und im Wasserbad schmelzen. Antihaftfolie in 6 x 12 cm lange Streifen schneiden und auf die Arbeitsplatte legen. Geschmolzene Kuvertüre gleichmäßig auf die Folie streichen. Folie vorsichtig der Länge nach zusammenrollen, sodass die Schokolade nicht verwischt, in einen Metallring (Ø 3,5 cm) stellen, damit der Cannolo beim Auskühlen seine Form behält. Im Kühlschrank fest werden lassen. Wasser, Zucker und Vanilleschote einmal aufkochen lassen. Rhabarber mit der Aufschnittmaschine längs in hauchdünne Scheiben schneiden und in das Zuckerwasser geben. Den Topf mit Klarsichtfolie bedecken und im auf 150 °C vorgeheizten Backofen 5 Minuten garen. Rhabarber im Zuckerwasser abkühlen lassen.

Weiße Schokoladenmousse in einen Spritzbeutel geben und Cannolo damit füllen (dabei den Cannolo im Metallring lassen). Metallring entfernen und Folie vorsichtig abziehen. Rhabarber aus dem Zuckerwasser nehmen und um den Cannolo wickeln.

Für das Erdbeertatar Erdbeeren in feine Würfel schneiden und mit Zucker abschmecken.

Für das Sauerrahmeis alle Zutaten verrühren und in der Eismaschine gefrieren lassen.

ANRICHTEN

Erdbeertatar als Viereck auf dem Teller anrichten, Rhabarbercannolo daraufsetzen und mit Staubzucker, Erdbeerscheiben, Minze und Mélange Noir garnieren. Auf der anderen Seite des Tellers die Mandelhippe mit etwas geschmolzener Schokolade fixieren und eine Kugel Sauerrahmeis hineingeben. Mit Staubzucker garnieren.

TIPPS

Achten Sie beim Schmelzen der Kuvertüre unbedingt auf die Temperatur! Die Kuvertüre sollte höchstens 26–27 °C warm werden, da sie sonst ihren Glanz verliert.
Antihaftfolie findet man im Haushaltswarengeschäft als Dauerbackfolie von verschiedenen Herstellern.

WEINTIPP

„Dorado", Weingut Kränzelhof, Franz Graf Pfeil, Tscherms

Geeiste Erdbeersuppe mit Joghurteis

FÜR DIE ERDBEERSUPPE
600 g Erdbeeren
90 g Eiswürfel
100 g Zucker
100 g Wasser

FÜR DAS HONIGGELEE
5 Blatt Gelatine
100 g Südtiroler Blütenhonig
300 g Wasser

FÜR DAS JOGHURTEIS
250 g Naturjogurt
50 g Staubzucker
30 g Zitronensaft
10 g Milchpulver (aus der Apotheke)

ZUM ANRICHTEN
Staubzucker
Minze
geschmolzene Schokolade
4 Mandelhippen (siehe S. 136)

ZUBEREITUNG

Erdbeeren putzen, 400 g klein schneiden und zusammen mit Eiswürfeln, Zucker und Wasser im Mixer fein pürieren. Bis zum Servieren kalt stellen. Die restlichen Erdbeeren in kleine Würfel schneiden und mit etwas Zucker marinieren.
Für das Honiggelee Gelatine in kaltem Wasser einweichen. Honig und Wasser erwärmen, die eingeweichte Gelatine gut ausdrücken und in der Honig-Wasser-Mischung auflösen, in eine sehr flache Schale gießen und 2–3 Stunden im Kühlschrank gelieren lassen.
Für das Joghurteis alle Zutaten gut verrühren und in der Eismaschine gefrieren lassen.

ANRICHTEN

Erdbeerwürfel mithilfe eines Metallringes in die Mitte eines tiefen Tellers setzen. Die geeiste Erdbeersuppe angießen. Honiggelee in kleine Würfel schneiden und auf der Suppe verteilen. Eine Nocke Joghurteis in eine Hippe geben und auf dem Erdbeertatar anrichten. Mit Staubzucker, Minze und geschmolzener Schokolade garnieren.

WEINTIPP

Rosenmuskateller, Weingut Franz Haas, Montan

Schoko-Minze-Törtchen
mit Kirschragout

FÜR DIE SCHOKO-MINZE-TÖRTCHEN
½ Blatt Gelatine
275 g Schokolade (70 %)
1 Ei
5 Tropfen Minzessenz
(aus der Apotheke)
310 g Sahne
4 Schokoladenblätter (Ø 4,5 cm)

FÜR DAS KIRSCHRAGOUT
800 g Kirschen
400 g Zucker

ZUM ANRICHTEN
weiße Schokolade, geraspelt
Minze

ZUBEREITUNG

Gelatine in kaltem Wasser einweichen, 125 g Schokolade zerkleinern und im Wasserbad schmelzen. Gelatine ausdrücken und in der flüssigen Schokolade auflösen. Ei und Minzessenz unterrühren. Sahne steif schlagen und zur Schokolade geben. Mit Klarsichtfolie abgedeckt 3 Stunden im Kühlschrank fest werden lassen. Antihaftfolie in 4 Streifen schneiden (12 x 2,5 cm) und auf die Arbeitsplatte legen. Die restliche Schokolade zerkleinern und im Wasserbad schmelzen lassen. Flüssige Schokolade mithilfe einer Palette gleichmäßig auf die Antihaftfolienstreifen auftragen. Die Folienstreifen vorsichtig mit der Palette von der Arbeitsfläche nehmen, der Länge nach zusammenrollen, ohne die Schokoladenschicht zu verwischen, und den Zylinder in einen Metallring (ø 4,5 cm) stellen. Im Kühlschrank fest werden lassen. Die Schokoladenmousse in einen Spritzbeutel füllen und in die Schokozylinder (unbedingt im Metallring lassen) spritzen. Die Oberfläche glatt streichen und 1 Stunde in den Gefrierschrank stellen. Ring und Folie von den Törtchen entfernen und die Oberfläche mit einem Schokoladenblatt abdecken.
Für das Kirschragout Kirschen entsteinen, ungefähr die Hälfte mit 300 g Zucker und etwas Wasser aufkochen. Die andere Hälfte mit dem restlichen Zucker marinieren. Die gekochten Kirschen im Mixer pürieren und durch ein feines Sieb passieren. Noch einmal aufkochen lassen und die marinierten Kirschen dazugeben. Auskühlen lassen.

ANRICHTEN

Törtchen in der Tellermitte platzieren, mit weißen Schokoladenraspeln bestreuen und mit Kirschragout und Minze garnieren.

WEINTIPP

Rosenmuskateller, Kellerei Girlan

Honig-Joghurt-Mousse
mit Waldfrüchten

ZUTATEN
5 Blatt Gelatine
400 g Joghurt
65 g Honig
2 Eiweiß
300 g Zucker
200 g Sahne
400 g Beeren
(Erdbeeren, Himbeeren, Brombeeren, Blaubeeren)

ZUM ANRICHTEN
Staubzucker
Minze
Minzöl (siehe Tipp)
Erdbeercoulis
Honig

ZUBEREITUNG
Gelatine in kaltem Wasser einweichen, Joghurt und Honig verrühren. Etwas von der Joghurtmasse erwärmen und die gut ausgedrückte Gelatine darin auflösen. Zur restlichen Joghurtmasse geben und gut verrühren. Eiweiß mit Zucker steif schlagen und unter die Joghurtmasse heben. Sahne ebenfalls steif schlagen und unterheben. In eine flache Form gießen (Masse soll darin 2 cm hoch stehen) und im Kühlschrank 3 Stunden fest werden lassen.
Beeren verlesen, waschen und bereitstellen.

ANRICHTEN
Mit einem kleinen Metallring aus der Honig-Joghurt-Mousse Kreise ausstechen und dekorativ auf dem Teller verteilen. Die Beeren dazwischen anrichten und mit Staubzucker, Minze, Minzöl, Erdbeercoulis und Honig garnieren.

TIPP
Für das Minzöl frittieren Sie 20 Minzblätter in 160 °C heißem Öl, lassen sie auf Küchenpapier abtropfen und mixen die zerbröselten Minzblätter mit 1–2 EL Olivenöl. Das Öl hält sich ungefähr 1 Woche im Kühlschrank.

WEINTIPP
„Anthos", Erste + Neue Kellerei Kaltern

Himbeer-Holler-Schnitte

ZUTATEN
100 g weiße Schokolade
200 g Hollerblütengelee
(siehe Tipp S. 149)
400 g Himbeeren

FÜR DIE WEISSE SCHOKOLADENMOUSSE
1½ Blatt Gelatine
130 g weiße Schokolade
1 Ei
1 Eigelb
340 g geschlagene Sahne

ZUM ANRICHTEN
Staubzucker
Minze
Himbeercoulis
Sauerrahm
Himbeeren

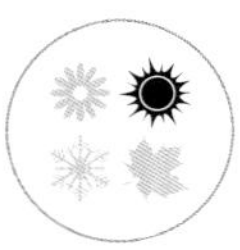

ZUBEREITUNG

Weiße Schokolade im Wasserbad schmelzen (sie sollte eine Temperatur von ungefähr 28 °C haben). Aus Antihaftfolie 4 Streifen von 3 x 10 cm schneiden. Gleichmäßig dünn mit geschmolzener Schokolade bestreichen und im Kühlschrank fest werden lassen.
Aus dem Hollerblütengelee 4 Streifen (3 x 10 cm) schneiden.
Für die weiße Schokoladenmousse Gelatine in kaltem Wasser einweichen und Schokolade im Wasserbad schmelzen lassen. Eier über dem heißen Wasserbad schaumig schlagen. Die eingeweichte und gut ausgedrückte Gelatine darin auflösen. Die geschmolzene Schokolade unterrühren. Etwas auskühlen lassen, dann die geschlagene Sahne vorsichtig unterheben. Ungefähr 3 Stunden kalt stellen.

ANRICHTEN

Einen Streifen Hollerblütengelee auf den Teller legen. Weiße Schokoladenmousse in einen Spritzbeutel füllen und auf das Gelee spritzen. Mit einem weißen Schokoladenblatt abdecken. Mit Himbeeren belegen und mit Schokoladenmousse, Staubzucker, Minze und Himbeercoulis garnieren. Sauerrahm mit einem Pinsel auf den Teller streichen und Himbeeren daraufsetzen.

WEINTIPP

Müller Thurgau „Spielerei“, Weingut Unterortl, Martin Aurich, Castel Juval

Topfen-Sauerrahm-Creme
mit Waldbeeren, Buchweizenhippe und Himbeersorbet

FÜR DIE TOPFEN-SAUERRAHM-CREME
150 g Topfen
½ Vanilleschote
100 g Sauerrahm
50 g Zucker

FÜR DIE BUCHWEIZENHIPPE
60 g feines Buchweizenmehl
250 g Wasser
3 g Zucker

FÜR DAS HIMBEERSORBET
500 g Himbeeren
100 g Wasser
½ Zitrone, Saft
150 g Zucker
1 Blatt Gelatine

ZUM ANRICHTEN
400 g gemischte Beeren (Brombeeren, Himbeeren, Erdbeeren)
Hollerblütengelee (siehe Tipp S. 149)
Staubzucker
Minze

ZUBEREITUNG

Topfen gut ausdrücken, sodass er ganz trocken ist. Vanilleschote aufschlitzen und Mark herauskratzen. Topfen mit Sauerrahm, Zucker und Vanillemark verrühren, kühl stellen.
Für die Buchweizenhippe Wasser und Zucker aufkochen, Buchweizenmehl einrühren und 30 Minuten unter ständigem Rühren kochen lassen. Dünn auf eine Silpatmatte streichen und im Backofen bei 60 °C 3 Stunden trocknen lassen. Daraus 4 Hippen schneiden, den Rest in kleinere Stücke brechen.
Für das Himbeersorbet Himbeeren, Wasser, Zitronensaft und Zucker fein mixen und durch ein Haarsieb passieren. Gelatine in kaltem Wasser einweichen. Etwas Himbeerpüree erwärmen und die gut ausgedrückte Gelatine darin auflösen. Zum restlichen Himbeerpüree geben und in der Eismaschine gefrieren lassen.

ANRICHTEN

Topfen-Sauerrahm-Creme in einen Spritzbeutel füllen und 24 Tupfen auf den Teller spritzen. Mit Beeren belegen und mit Hollerblütengelee, Hippenstücken, Staubzucker und Minze garnieren. Eine Hippe daneben platzieren und eine Nocke Himbeersorbet darauf anrichten. Mit Minze garnieren.

WEINTIPP

Gewürztraminer Spätlese, Weingut Falkenstein, Franz Pratzner, Naturns

Eingelegte Marillen mit Joghurtperlen

FÜR DIE EINGELEGTEN MARILLEN
300 g Marillen, entsteint
250 g Wasser
175 g Zucker
5 g Weinsteinsäure
(aus der Apotheke oder Bioladen)

FÜR DIE JOGHURTPERLEN
5 Blatt Gelatine
400 g Joghurt
100 g Zucker
2 Eiweiß
200 g geschlagene Sahne

ZUM ANRICHTEN
Hollerblütengelee (siehe Tipp)
Himbeeren
Marillencoulis (siehe Tipp)
Minze
Staubzucker
Schokolade, geraspelt

ZUBEREITUNG

Marillen halbieren, Wasser mit Zucker aufkochen. Marillen und Weinsteinsäure dazugeben, etwa 5 Minuten kochen (je nach Reife der Früchte) und im Sud auskühlen lassen. Die Marillen aus der Flüssigkeit nehmen und die Haut vorsichtig abziehen.

Für die Joghurtperlen die Gelatine in kaltem Wasser einweichen. Joghurt mit 60 g Zucker verrühren. Etwas davon abnehmen und leicht erwärmen. Gelatine gut ausdrücken und darin auflösen, zur Joghurtmasse geben und gut vermengen. Eiweiß mit dem restlichen Zucker steif schlagen. Erst das Eiweiß, dann die geschlagene Sahne vorsichtig unter die Joghurtmasse heben. In eine Schale füllen (Masse sollte darin ca. 1 cm hoch stehen) und 3 Stunden im Kühlschrank fest werden lassen. Mit einem Parisienne-Ausstecher kleine Kugeln ausstechen.

ANRICHTEN

Marillen auf dem Teller verteilen, Joghurtperlen daraufsetzen. Mit Hollerblütengeleewürfeln, Himbeeren, Marillencoulis, Minze, Staubzucker und geraspelter Schokolade garnieren.

TIPPS

Für die Marillencoulis pürieren Sie einfach die abgezogene Haut der Marillen zusammen mit 2 Marillen und etwas Saft.

Für das Hollerblütengelee mischen Sie 100 g Hollersirup mit 100 g Wasser. Lösen Sie 3 Blatt eingeweichte und gut ausgedrückte Gelatine in etwas Hollersaft auf und rühren sie unter den restlichen Saft. In eine sehr flache Schale füllen und im Kühlschrank 3 Stunden gelieren lassen. Anschließend in kleine Würfel schneiden.

WEINTIPP

„Exillisis Ice", Kellerei Kaltern

Feigentatar mit Blauschimmelkäse

ZUTATEN

600 g reife Feigen
200 g Blauschimmelkäse (z. B. Golden Gel)
300 g Rotwein
150 g Portwein
25 g Zucker
4 Blatt Gelatine

ZUM ANRICHTEN

2 Feigen, in Würfel geschnitten
50 g Haselnüsse, gemahlen

ZUBEREITUNG

Feigen schälen und in große Würfel schneiden. Blauschimmelkäse grob raspeln. Rotwein, Portwein und Zucker in einen Topf geben und auf die Hälfte einreduzieren lassen. Gelatine in kaltem Wasser einweichen, gut ausdrücken und in der heißen Weinreduktion auflösen. In eine flache Schale gießen und ungefähr 3 Stunden im Kühlschrank gelieren lassen. Anschließend in kleine Würfel schneiden.

ANRICHTEN

Feigenwürfel mithilfe eines Metallringes in der Tellermitte anrichten, mit dem geraspelten Blauschimmelkäse bestreuen. Mit Weingelee, einigen Feigenwürfeln und gemahlenen Haselnüssen garnieren.

TIPP

Wenn Sie keinen Golden Gel bekommen, dann können Sie auch einen anderen Blauschimmelkäse (z. B. Gorgonzola oder Roquefort) verwenden.

WEINTIPP

„Serenade", Kellerei Kaltern

Topfenpraline
mit Apfelkruste auf Kamillengelee

ZUTATEN

200 g Topfen
10 g geschmorte Zwiebeln (siehe S. 172)
Salz, Pfeffer
100 g getrocknete Äpfel, fein zerbröselt

FÜR DAS KAMILLENGELEE

50 g Kamillenblüten (aus der Apotheke)
500 g Wasser
4 Blatt Gelatine
5 g Honig

ZUM ANRICHTEN

12 Apfelscheiben
etwas Apfelschale, in feine Würfel geschnitten
Minze

ZUBEREITUNG

Topfen gut ausdrücken und durch ein Haarsieb streichen. Mit geschmorten Zwiebeln, Salz und Pfeffer abschmecken. Aus der Masse 4 Kugeln formen und diese in den zerbröselten getrockneten Apfelscheiben wälzen.
Für das Kamillengelee Wasser mit Kamillenblüten aufkochen und 10 Minuten ziehen lassen. Gelatine in kaltem Wasser einweichen. Kamillenblüten abseihen, Flüssigkeit mit Honig süßen und die gut ausgedrückte Gelatine darin auflösen. In eine sehr flache Schale gießen und im Kühlschrank gelieren lassen. Gelee in kleine Würfel schneiden.

ANRICHTEN

Kamillengeleewürfel auf dem Teller anrichten, mit Apfelscheiben belegen und Topfenpraline daraufsetzen. Mit Apfelschale und Minze garnieren.

WEINTIPP

„Le Petit Manincor", Weingut Manincor, Kaltern

Apfelstrudelravioli auf Apfeltatar

FÜR DEN TEIG (UNGEFÄHR 20 RAVIOLI)

280 g Milch
24 g Butter
Salz
½ Vanilleschote
1 TL Zitronenschale, Zesten
200 g Mehl
4 Eigelb
Öl zum Frittieren

FÜR DIE FÜLLUNG

4 Äpfel (z. B. Golden Delicious)
250 g Apfelsaft
1 Prise Zucker
50 g Sultaninen
20 g Pignoli

FÜR DAS APFELTATAR

2 Äpfel (z. B. Golden Delicious)
50 g Zucker
20 g Butter

ZUM ANRICHTEN

4 Buchweizenhippen (siehe S. 147)
Vanilleeis (siehe S. 162)
geschmolzene Schokolade
Staubzucker
Minze
Sultaninen

ZUBEREITUNG

Für den Teig Milch, Butter, Salz, Vanilleschote und Zitronenschale zum Kochen bringen. Das Mehl unter kräftigem Rühren auf einen Schlag in die kochende Flüssigkeit geben. So lange rühren, bis sich die Masse als Kloß vom Topf löst. Vanilleschote herausnehmen. Wenn die Masse etwas abgekühlt ist, Eigelb nach und nach unterrühren (das erste Eigelb muss sich vollständig mit der Masse verbunden haben, ehe das nächste eingerührt wird). Wenn der Teig schön glatt ist, kalt stellen.
Für die Füllung Äpfel schälen und in Spalten schneiden, mit Apfelsaft und Zucker in 10 Minuten weich kochen. Pürieren und abkühlen lassen. Sultaninen und Pignoli unterrühren.
Für das Tatar Äpfel schälen, in Würfel schneiden und mit Zucker vermischen. Butter in einer Pfanne erhitzen, Apfelwürfel darin 5 Minuten dünsten, warm stellen.
Den Teig mit der Nudelmaschine dünn ausrollen, Kreise ausstechen und etwas von der Füllung in die Mitte geben. Zu Ravioli formen, Ränder dabei gut andrücken. Im heißen Fett schwimmend bei 160 °C ungefähr 4–5 Minuten goldgelb ausbacken.

ANRICHTEN

Apfeltatar mithilfe eines Metallringes auf dem Teller anrichten, gefüllte Ravioli daraufsetzen und Hippe mit einer Nocke Vanilleeis daneben platzieren. Mit geschmolzener Schokolade, Staubzucker, Minze und Sultaninen garnieren.

WEINTIPP

Rosenmuskateller, Ansitz Waldgries, Christian Plattner, Bozen

Soufflierter Honig-Schüttelbrot-Schmarren
mit karamellisierten Äpfeln

FÜR DEN HONIG-SCHÜTTELBROT-SCHMARREN
20 g Butter
20 g Topfen
2 Eigelb
2 EL Honig
60 g Schüttelbrot, fein gerieben
3 Eiweiß
20 g Zucker

FÜR DIE KARAMELLISIERTEN ÄPFEL
250 g Äpfel
(z. B. Golden Delicious oder Gala)
50 g Butter
20 g Zucker

ZUM ANRICHTEN
Staubzucker
Minze

ZUBEREITUNG

Butter, Topfen, Eigelb und Honig verrühren, Schüttelbrot dazugeben und gut vermischen. Eiweiß mit Zucker steif schlagen und vorsichtig unter die Masse heben. In eine gebutterte Pfanne geben und im vorgeheizten Backofen bei 160 °C 15 Minuten backen.

Äpfel schälen und in Spalten schneiden. Butter in einer Pfanne schmelzen lassen, Zucker dazugeben und leicht karamellisieren lassen. Apfelspalten zufügen und ungefähr 5 Minuten darin schwenken.

ANRICHTEN

Honig-Schüttelbrot-Schmarren mit einem Löffel grob zerteilen und auf Teller geben. Mit karamellisierten Apfelspalten, Staubzucker und Minze garnieren.

TIPP

Sie können den Schmarren auch mit Schüttelbrotkaramell garnieren. Dazu lassen Sie 100 g Zucker karamellisieren und geben dann 100 g zerkleinertes Schüttelbrot dazu. Ungefähr 5 Minuten bei mäßiger Hitze karamellisieren lassen.

WEINTIPP

„Comtess“, Kellerei St. Michael/Eppan

Zimtgrießknödel
mit karamellisierten Birnen

FÜR DIE ZIMTGRIESSKNÖDEL

500 g Milch
40 g Zucker
120 g Butter
½ Vanilleschote
130 g Grieß
2 Eier
120 g Zimtbrösel (siehe Tipp)

FÜR DIE KARAMELLISIERTEN BIRNEN

10 g Butter
100 g Zucker
4 Birnenscheiben
(z. B. Abate oder Kaiser Alexander)

ZUM ANRICHTEN

Staubzucker
Minze
Schokolade, geraspelt

ZUBEREITUNG

Milch, Zucker, Butter und Vanilleschote in einem Topf aufkochen, den Grieß einrühren und so lange kochen lassen, bis er sich vom Topfboden löst. Vanilleschote herausnehmen, Masse auf ein Blech geben und abkühlen lassen. Wenn die Grießmasse Zimmertemperatur hat, die Eier unterrühren und alles 2 Stunden kalt stellen. Aus der Grießmasse Knödel formen und in leicht gesalzenem und gezuckertem Wasser etwa 10 Minuten köcheln lassen. Knödel herausnehmen und in Zimtbröseln wälzen.
Butter und Zucker in einer Pfanne schmelzen lassen und die Birnenscheiben darin karamellisieren.

ANRICHTEN

Die Birnenscheiben in der Tellermitte anrichten, mit Sauce beträufeln. Knödel daraufsetzen und mit Staubzucker und Minze garnieren.

TIPP

Für die Zimtbrösel vermischt man 1 Teelöffel Zimt mit 100 g Semmelbröseln und 50 g Zucker.

WEINTIPP

Rosenmuskateller „Rosatum", Kellerei Schreckbichl, Girlan

Schüttelbrotmacarons mit Trockenfrüchten

FÜR ETWA 20–30 STÜCK
125 g Schüttelbrot
110 g Staubzucker
100 g Eiweiß
1 Prise Salz
30 g Zucker

ZUM ANRICHTEN
100 g Trockenfrüchte (Äpfel, Birnen, Zwetschgen, Marillen), fein gehackt
30 g Honig

ZUBEREITUNG
Schüttelbrot sehr fein mahlen, mit Staubzucker vermischen und in eine Schüssel sieben. Eiweiß mit einer Prise Salz und Zucker steif schlagen. Die Schüttelbrot-Staubzucker-Mischung löffelweise unter das geschlagene Eiweiß heben (in ungefähr 6–7 Schritten).
Masse in einen Spritzbeutel mit Lochtülle füllen und Kreise mit einem Durchmesser von 3 cm auf ein mit Backpapier ausgelegtes Bachblech spritzen. Vor dem Backen die Macarons 30 Minuten bei Zimmertemperatur ruhen lassen, damit der Teig auf der Oberfläche leicht antrocknet. Im auf 150 °C vorgeheizten Backofen 10 Minuten backen. Aus dem Ofen nehmen und das Backpapier sofort auf eine angefeuchtete Tischplatte ziehen, damit sich die Macarons nach dem Abkühlen gut vom Papier lösen lassen.

ANRICHTEN
Die Unterseite der Macarons mit Honig bestreichen. Die Hälfte der Macarons in die gehackten Trockenfrüchte tauchen, die restlichen Macarons daraufsetzen.

TIPP
Es ist sehr wichtig, die Oberfläche der Macarons vor dem Backen etwas antrocknen zu lassen. Der Teig darf bei Berührung nicht mehr am Finger kleben bleiben.

WEINTIPP
Rosenmuskateller „Abtei“, Klosterkellerei Muri-Gries, Bozen

Geschmorte Ananas mit Vanilleeis

ZUTATEN
8 Passionsfrüchte
140 g Zucker
1 Ananas
100 g Orangensaft
20 g Butter

FÜR DAS VANILLEEIS (ETWA 10 PORTIONEN)
6 Eigelb
50 g Zucker
1 Vanilleschote
250 g Milch
250 g Sahne

ZUM ANRICHTEN
4 Mandelhippen (siehe S. 136)
Minze
Staubzucker
4 EL gelierte Orangenzesten (siehe Tipp)

ZUBEREITUNG

Passionsfrüchte halbieren, Fruchtfleisch auskratzen und mit 100 g Zucker verrühren. Im Kühlschrank 24 Stunden ruhen lassen. Anschließend kurz aufkochen, damit der Saft eine sirupartige Konsistenz erhält. In einer ofenfesten beschichteten Pfanne den restlichen Zucker karamellisieren lassen, Ananasscheiben dazugeben und mit Passionsfruchtsirup und Orangensaft aufgießen. Butter zufügen und im Backofen bei 140 °C etwa 10 Minuten schmoren lassen.
Für das Vanilleeis Eigelb und Zucker schaumig schlagen. Die Vanilleschote aufschlitzen, das Mark herauskratzen und mit Milch und Sahne aufkochen. Zur Eiermasse geben und auf dem Wasserbad zur Rose abziehen. In der Eismaschine gefrieren lassen.

ANRICHTEN

Die Ananasscheiben in tiefe Teller setzen und mit Sauce begießen. Eine Hippe mit einer Nocke Vanilleeis daraufsetzen und mit Minze, Staubzucker und gelierten Orangenzesten garnieren.

TIPP

Für die gelierten Orangenzesten benötigen Sie 10 unbehandelte Orangen, 200 g Gelierzucker und ½ Vanilleschote. Schälen Sie die Orangen mit einem Messer so dünn, dass möglichst wenig weiße Haut an der Schale bleibt. Schale in feine Streifen schneiden und dreimal in kochendem Wasser blanchieren (dabei immer wieder neues Wasser verwenden). Die Orangen entsaften. Saft mit Gelierzucker und Vanilleschote aufkochen und auf die Hälfte einreduzieren lassen. Blanchierte Orangenzesten dazugeben und 5 Minuten sirupartig einkochen lassen. Im Kühlschrank halten sie sich ungefähr 1 Monat. Man kann sie sehr gut als Dekoration für Desserts, z. B. Eis oder Orangensalat, verwenden.

WEINTIPP

„Aureus", Weingut Josef Niedermayr, Girlan

Dialog von Kaffee und Schokolade

FÜR DIE SCHOKOLADENMOUSSE
250 g Schokolade (70 %)
1 Ei
1 Eiweiß
etwas Chili, fein gehackt
625 g geschlagene Sahne

FÜR DIE SCHOKOHIPPE
65 g Mehl
65 g Staubzucker
1 TL ungesüßtes Kakaopulver
55 g zerlassene Butter
2 Eiweiß

FÜR DAS PERNODGELEE
100 g Wasser
50 g Zucker
3 Blatt Gelatine
100 g Pernod (oder anderer Anisschnaps)

FÜR DAS KAKAOSORBET
250 g Wasser
60 g Zucker
25 g ungesüßtes Kakaopulver
100 g Schokolade (70 %), zerkleinert
30 g Sauerrahm
1 EL Pernod

FÜR DEN CAPPUCCINO
400 g Sahne
1 Vanilleschote
60 g Zucker
5 Eigelb
1 doppelter Espresso
1 EL Instantkaffeepulver

ZUM ANRICHTEN
4 Schokoladenblätter
Staubzucker
Minze

ZUBEREITUNG

Für die Schokoladenmousse Schokolade klein hacken und im Wasserbad schmelzen lassen. Ei, Eiweiß und fein gehackte Chilischote verrühren und über dem heißen Wasserbad schaumig schlagen, die geschmolzene Schokolade einrühren. Ungefähr 5 Minuten auskühlen lassen und dann die geschlagene Sahne vorsichtig unterheben.

Für die Schokohippe das Mehl mit Staubzucker und Kakaopulver vermischen. Die flüssige und abgekühlte Butter dazugeben und gut verrühren. Eiweiß zufügen und so lange rühren, bis die Masse glatt ist. Die Masse mithilfe einer Schablone (2 x 6 cm) dünn auf eine Silpatmatte streichen und im vorgeheizten Backofen bei 160 °C 6 Minuten backen.

Für das Pernodgelee Wasser leicht erwärmen und Zucker darin auflösen. Die Gelatine in kaltem Wasser einweichen, gut ausdrücken und in der Wasser-Zucker-Mischung auflösen. Pernod dazugeben. Flüssigkeit in eine sehr flache Schale (soll ½ cm hoch stehen) gießen und 3 Stunden im Kühlschrank gelieren lassen. Gelee in kleine Würfel schneiden.

Für das Kakaosorbet Wasser mit Zucker aufkochen. Kakaopulver, zerkleinerte Schokolade, Sauerrahm und Pernod dazugeben und gut vermischen. In der Eismaschine gefrieren lassen.

Für den Cappuccino Sahne aufkochen, Vanilleschote aufschneiden und Mark herauskratzen. Zusammen mit Zucker und Eigelb gut verrühren und in die heiße Sahne geben. Auf dem Wasserbad zur Rose abziehen. Espresso und Instantkaffee verrühren und zur Sahne-Ei-Mischung geben. Kalt stellen.

ANRICHTEN

Eine Schokohippe auf den Teller legen. Schokoladenmousse in einen Spritzbeutel füllen und auf die Hippe spritzen, mit einer weiteren Hippe abdecken. Diesen Vorgang noch zweimal wiederholen, sodass eine Millefoglie entsteht. Cappuccino in eine Tasse oder ein Glas füllen und zwei kleine Nocken Kakaosorbet hineinsetzen. Mit Pernodgeleewürfeln, Schokoladenblatt, Staubzucker und Minze garnieren.

TIPP

Die Schablone für die Hippe lässt sich am besten aus Pappe oder dickerem Kunststoff herstellen. Legen Sie die Schablone auf eine Silpatmatte oder ein eingeöltes Backblech und setzen Sie einen Teigklecks in die Mitte. Den Teig mit einer Teigpalette oder einer breiten Spachtel so verstreichen, dass die ganze Schablone ausgefüllt ist. Schablone vorsichtig abheben (siehe Fotos S. 162).

WEINTIPP

„Pipa", Weingut Glögglhof, Franz Gojer, Bozen

Grundrezepte

Grundrezepte

KARTOFFELBROT

250 g Mehl (Typ 0)
90 g Parmesan, gerieben
90 g Olivenöl
90 g Wasser
8–10 g Hefe
250 g gekochte Kartoffeln, in Würfel geschnitten
12 g Salz
1 Ei
etwas Rosmarin, fein geschnitten

Mehl, Parmesan und Hefe gut vermischen. Wasser, Ei und Olivenöl vermengen und zur Mehl-Hefe-Mischung geben. 5 Minuten lang gut verkneten. Salz und Rosmarin zufügen und 1 Minute kneten. Zum Schluss die Kartoffelwürfel vorsichtig einarbeiten, sodass die Würfel nicht zerbrechen. Den Teig ungefähr 3 Stunden gehen lassen. Vorsichtig mit einem Nudelholz ausrollen und mit einem Ausstecher etwa 20 g schwere Laibchen ausstechen. Noch einmal 30 Minuten gehen lassen. Im vorgeheizten Backofen bei 160 °C 12 Minuten backen.

TIPP

Lassen Sie den Teig bei 25–28 °C gehen.

GRISSINI

30 g frische Hefe
270 g Wasser
500 g Mehl (Typ 00)
100 g Olivenöl
12 g Salz

Hefe im Wasser auflösen, mit Mehl und Olivenöl vermischen. Salz dazugeben und gut durchkneten. An einem warmen Ort 1 Stunde gehen lassen. Den Teig ausrollen, in Streifen schneiden und zu Grissini rollen. Im vorgeheizten Backofen bei 140 °C 8 Minuten backen, dann die Grissini umdrehen und weitere 8 Minuten backen.

TIPPS

Für schwarze Grissini fügt man einfach noch 40 g Aktivkohle für Lebensmittel (aus der Apotheke) zu. Bei roten Grissini ersetzt man das Wasser durch Peperonisaft, den man durch das Entsaften von Peperoni (mithilfe eines Entsafters) gewinnt. Lassen Sie den Teig bei 25–28 °C gehen.

FOCACCIA MIT OLIVEN

25 g frische Hefe
300 g Wasser
500 g Mehl (Typ 0)
100 g Olivenöl
8 g Salz
8 g Zucker
Oliven, gehackt
Thymian, fein geschnitten
grobes Meersalz

Hefe im Wasser auflösen. Mehl, Olivenöl, Salz und Zucker dazugeben und ungefähr 5 Minuten verkneten. Die gehackten Oliven und den Thymian zufügen und noch einmal etwa 3 Minuten durchkneten. Den Teig auf ein mit Backpapier ausgelegtes Backblech geben und mit nassen Händen gleichmäßig verteilen. Mit grobem Meersalz bestreuen und 1 Stunde an einem warmen Ort gehen lassen. Im vorgeheizten Backofen bei 210 °C 12 Minuten backen.

TIPP

Lassen Sie den Teig bei 25–28 °C gehen.

Grundrezepte

BUTTERSAUCE

100 g Gemüsefond (siehe unten)
250 g kalte Butterwürfel
Salz, Pfeffer

Gemüsefond aufkochen, vom Herd nehmen und die eiskalten Butterwürfel langsam einrühren, sodass die Sauce bindet. Mit Salz und Pfeffer würzen.

GEMÜSEFOND

2 l Wasser
1 Karotte
1 mittelgroße Zwiebel
½ Selleriestange
½ Sellerieknolle
1 Knoblauchzehe
2 Stängel Petersilie
1 Rosmarinzweig
1 Lorbeerblatt
5 Basilikumblätter

Alle Zutaten in einen Topf geben und ungefähr 2 Stunden köcheln lassen. Durch ein Sieb seihen und bis zur weiteren Verwendung warm stellen.

TIPP

Sie können den Fond sehr gut in größeren Mengen zubereiten und dann portionsweise einfrieren.

GESCHMORTE DATTELTOMATEN

40 Datteltomaten
3 Knoblauchzehen
1 Thymianzweig
5 Basilikumblätter
Salz, Pfeffer
Zucker
Olivenöl

Datteltomaten einritzen und 3 Minuten blanchieren. In Eiswasser abschrecken und schälen. Knoblauchzehen halbieren. Tomaten auf ein Backblech legen und mit den anderen Zutaten vermischen. Im auf 130 °C vorgeheizten Backofen ungefähr 1 Stunde schmoren.

GESCHMORTE PEPERONI

400 g Peperoni (rot, gelb, grün)
Salz, Pfeffer
Knoblauchöl (siehe S. 173)
1 Thymianzweig
1 Rosmarinzweig
Olivenöl

Peperoni schälen, Kerngehäuse entfernen und in Stücke schneiden. Mit Salz, Pfeffer, Knoblauchöl, Thymian- und Rosmarinzweig würzen und auf ein Backblech legen. Mit reichlich Olivenöl begießen und im vorgeheizten Backofen bei 130 °C 1 Stunde schmoren lassen.

TIPP

Peperoni lassen sich mit dem Kartoffelschäler ganz einfach schälen, für die Stellen, an die dieser nicht hinkommt, nimmt man ein kleines Gemüsemesser. Gibt man die Peperoni, um sie zu häuten, in den Backofen, bis die Schale schwarz wird und Blasen wirft, wäre sie schon vorgegart und das „Verbrannte" würde auf den Geschmack abfärben.

dolcefrutta
dolcenettarina
okey
Hortamira
PRODUCTOS SELECCIONADOS
SELECT FOODSTUFFS
La Veronica

Grundrezepte

GESCHMORTE ZWIEBELN

1 mittelgroße Zwiebel
50 g Butter
50 g Olivenöl

Zwiebel fein hacken. Butter und Olivenöl in einem Topf erhitzen, Zwiebelwürfel dazugeben und farblos anschwitzen. Öl abgießen und die geschmorten Zwiebeln auskühlen lassen.

TIPP

Bereiten Sie am besten eine größere Menge zu. Die geschmorten Zwiebeln halten sich im Kühlschrank ungefähr 1 Woche und können zum Würzen sehr vieler Gerichte genommen werden.

KALBSFOND

5 kg Knochen und Parüren (z. B. vom Kalbsrücken)
8 Zwiebeln
Olivenöl
3 l Gemüsefond (siehe S. 170)

Knochen zerteilen und mit den Parüren im Ofen bei 220 °C ungefähr 30 Minuten rösten. Zwiebeln mit der Schale zerkleinern und in einem Topf mit Olivenöl gut anrösten. Die Knochen entfetten und dazugeben. Mit dem kalten Gemüsefond aufgießen und etwa 3 Stunden leicht köcheln lassen.

Den Fond durch ein feines Sieb gießen und auf ungefähr 1 Liter einreduzieren lassen. Im Kühlschrank gut auskühlen lassen. Die Fettschicht mit einem Löffel entfernen.

TIPP

Sie können den entfetteten Fond portionsweise einfrieren.

LAMMFOND

Olivenöl
2 kg Lammknochen, zerkleinert
1 Karotte
1 Zwiebel
1 Selleriestange
5 Knoblauchzehen
2 Lorbeerblätter
1 EL Tomatenmark
5 l Gemüsefond (siehe S. 170)
3 Thymianzweige
2 Rosmarinzweige
Salz, Pfeffer

Olivenöl in einem Topf erhitzen und die zerkleinerten Knochen darin kräftig anrösten. Karotte, Zwiebel, Sellerie, Knoblauch, Lorbeerblätter und Tomatenmark dazugeben und ebenfalls kräftig anrösten. Mit Gemüsefond aufgießen, Thymian- und Rosmarinzweige hineingeben und ungefähr 4 Stunden köcheln lassen. Salzen und pfeffern. Durch ein feines Sieb gießen und auf die gewünschte Konsistenz einkochen.

TIPP

Der Fond lässt sich problemlos auf Vorrat herstellen und portionsweise einfrieren.

KNOBLAUCHÖL

30 g Knoblauch
250 g Sonnenblumenöl

Alle Zutaten mixen und kalt stellen.

TIPP

Das Knoblauchöl hält sich ungefähr 1 Woche im Kühlschrank.

SALATVINAIGRETTE

60 g Balsamicoessig
180 g Olivenöl
Salz, Pfeffer

Alle Zutaten gut miteinander verrühren.

TIPP

Sie können die Vinaigrette gut auf Vorrat zubereiten. In ein Schraubglas gefüllt, hält sie sich im Kühlschrank ungefähr 1 Woche.

OBSTESSIGVINAIGRETTE

1 EL Obstessig (z. B. Himbeeressig, Apfelessig)
5 EL Olivenöl
Salz, Pfeffer

Alle Zutaten gut verrühren.

ZITRONENVINAIGRETTE

1 EL Zitronensaft
4 EL Olivenöl
Salz, Pfeffer

Alle Zutaten gut miteinander verrühren.

SELLERIEPÜREE

700 g Sellerieknolle
Milch
Salz, Pfeffer
300 g Sahne
25 g geklärte Butter

Sellerie schälen und in Würfel schneiden. In Milch und Wasser (zu gleichen Teilen) mit Salz und Pfeffer weich kochen und abseihen. Sahne dazugeben und so lange köcheln lassen, bis die Sahne etwas einreduziert ist. Im Mixer pürieren und dabei die geklärte Butter zugeben.

TOMATENCREME

20 g Olivenöl
1 Knoblauchzehe, fein gehackt
1 kg Datteltomaten
Salz, Pfeffer
7 Basilikumblätter

Olivenöl erhitzen und Knoblauch darin anbraten. Tomaten vierteln und dazugeben. Bei starker Hitze ungefähr 2 Minuten anrösten. Mit Salz und Pfeffer würzen und Basilikumblätter zufügen. Zugedeckt ungefähr 15 Minuten bei mittlerer Hitze schmoren lassen. Durch ein feines Sieb streichen.

TIPP

Wenn Sie die Tomatencreme als Sauce zu Pasta servieren wollen, dann mischen Sie noch 3 in Streifen geschnittene Basilikumblätter unter die Tomatencreme.

Grundrezepte

GRÜNER NUDELTEIG

250 g Mehl
125 g Hartweizengrieß
5 g Salz
60 g Bärlauch- oder Spinatpüree
2 Eiweiß

Mehl und Hartweizengrieß auf eine Arbeitsplatte sieben, salzen, Bärlauchpüree und Eiweiß dazugeben und alles zu einem geschmeidigen Teig verkneten. In Klarsichtfolie gewickelt 1 Stunde im Kühlschrank ruhen lassen.

WEISSER NUDELTEIG

200 g Mehl
50 g Hartweizengrieß
8 Eigelb
1 EL Olivenöl
5 g Salz

Mehl und Hartweizengrieß auf eine Arbeitsplatte sieben und in die Mitte eine Mulde drücken. Eigelb, Olivenöl und Salz hineingeben und das Mehl von innen kreisförmig einrühren. Teig 10 Minuten kneten, in Klarsichtfolie wickeln und im Kühlschrank 2–3 Stunden ruhen lassen.

TIPP

Sie können den Teig auch mit der Küchenmaschine zubereiten. Geben Sie dazu einfach alle Zutaten in die Maschine und lassen sie dort gut durchkneten.

SCHLUTZKRAPFEN-NUDELTEIG

150 g Roggenmehl
150 g Weizenmehl
1 Ei
1 EL Sonnenblumenöl
50 g Wasser
5 g Salz

Roggen- und Weizenmehl, Ei, Sonnenblumenöl, Wasser und Salz miteinander vermischen und zu einem geschmeidigen Teig verkneten. Teig in Klarsichtfolie wickeln und im Kühlschrank ungefähr 1 Stunde ruhen lassen.

Altreier Kaffee

Kaffee aus den Bergen? In Altrei wird aus den Samen der blauen Lupine – Lupinus pilosus Murr – ein Kaffeesurrogat gewonnen, das frisch geröstet nach Haselnüssen und Schokolade duftet und aufgebrüht leicht bitter schmeckt. In Altrei hat ein Konsortium die jahrhundertealte Tradition des Ersatzkaffees wieder belebt. Es baut den Altreier Kaffee an, röstet und vertreibt ihn. Auch ohne Koffein, ist er eine besondere Spezialität.

Käse

Die Hofkäserei Learner in Deutschnofen verarbeitet auf ihrem geschlossenen Hof die Milch der eigenen Kühe – original Südtiroler Grauvieh – zu verschiedenen Rohmilchkäsen. Käsemeister Stefan Köhl hat für seine Kreationen auf internationalen Vergleichsverkostungen schon mehrfach Auszeichnungen mit nach Hause nehmen können. Wer die Käsespezialitäten versuchen möchte, der sollte unbedingt im Hofladen einkehren.

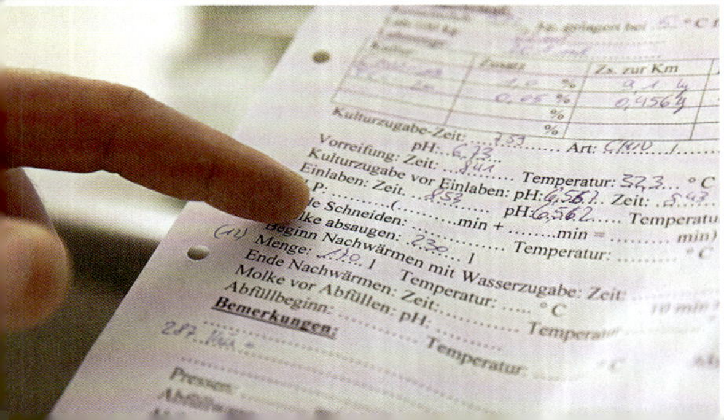

Brot

Auf dem Unichhof der Familie Gurndin in Aldein (1400 m ü. d. M.) wird jeden Donnerstag gebacken – verschiedene Weizen-, Roggen- und Dinkelbrote sowie handgeschütteltes Schüttelbrot. Das Getreide stammt aus eigenem Anbau, wird in der hauseigenen Mühle gemahlen, nur mit Wasser und Salz zu einem Teig verknetet und im Holzofen gebacken, wo es eine wunderbar gleichmäßige Kruste bekommt. Im Hofladen sollte man unbedingt einkehren. Suchtgefahr!

Gemüse

Der ehemalige Sozialbetreuer Harald Gasser hat sich auf dem elterlichen Hof in Barbian (bei Klausen) einen Traum erfüllt: Auf 3000 Quadratmeter baut er alte Gemüsesorten an. Raritäten wie Sauerkleerübchen, Erdmandeln, Rettichschoten, blaue Karotten oder 30 verschiedene Tomatensorten von klein bis groß, von rot über gelb bis schwarz und grün wachsen hier in Bio-Qualität.
Der Aspingerhof beliefert mit seinen Produkten viele Südtiroler Spitzenköche.

Glossar

Erdäpfel: Kartoffeln
faschieren: durch den Fleischwolf drehen (Hackfleisch)
Golden Gel: Blauschimmelkäse
Graukäse: Magermilchkäse, 0–2 % Fett i. Tr.
Holler: Holunder
Karfiol: Blumenkohl
Karotte: Möhre, Gelbe Rübe
Kloazn: getrocknete Birnen
Kren: Meerrettich
Lauch: Porree
Lupinen: Hülsenfrüchte, die zu Mehl oder geröstet zu Ersatzkaffee (Altreier Kaffee) verarbeitet werden
Marille: Aprikose
Melanzane: Aubergine
Palatschinke: dünner Pfannkuchen
Paradeis: Tomaten
Peperoni: Paprika
Pignoli: Pinienkerne
Rohnen: Rote Bete
Rucola: Rauke
Sauerrahm: Saure Sahne
Selchfleisch: gepökeltes und geräuchertes Schweinefleisch
Stangensellerie: Staudensellerie
Staubzucker: Puderzucker
Topfen: Quark
Weiße Rübe: Wurzelgemüse
Wurzelgemüse: Gemüsepflanzen, deren Wurzeln fleischig und essbar sind, z. B. Karotten, Rüben, Sellerie, Kartoffeln, Pastinake
Zwetschge: Pflaume

Inhaltsverzeichnis

Register nach Zutaten